中等职业教育财经商贸类系列教材
会计专业校企合作创新成果

出纳实务

CHUNA SHIWU

主　编◎李　红　王春艳　吴　静
副主编◎宋　欣　李励琨　韩美芳
参　编◎王春燕　王利明　于传龙
修　丽　张　睿　许新迪

北京师范大学出版集团
BEIJING NORMAL UNIVERSITY PUBLISHING GROUP
北京师范大学出版社

图书在版编目（CIP）数据

出纳实务/李红，王春艳，吴静主编．--北京：北京师范大学出版社，2021.3

ISBN 978-7-303-26293-9

Ⅰ.①出… Ⅱ.①李… ②王… ③吴… Ⅲ.①出纳-会计实务-中等专业学校-教材 Ⅳ.①F231.7

中国版本图书馆CIP数据核字(2020)第166564号

营销中心电话　010－58802755　58800035
北师大出版社职业教育分社网　http://zjfs.bnup.com
电子信箱　zhijiao@bnupg.com

出版发行：北京师范大学出版社 www.bnup.com
北京市西城区新街口外大街12-3号
邮政编码：100088
印　　刷：天津市宝文印务有限公司
经　　销：全国新华书店
开　　本：787mm×1092mm　1/16
印　　张：14.75
字　　数：320千字
版　　次：2021年3月第1版
印　　次：2021年3月第1次印刷
定　　价：39.80元

策划编辑：鲁晓双　　责任编辑：薛　萌
美术编辑：焦　丽　　装帧设计：焦　丽
责任校对：丁念慈　　责任印制：陈　涛

前 言

为适应职业教育教学资源信息化的发展趋势，对接教育部职业教育教学标准与现实岗位要求，本教材以信息化资源为载体，校政企行共同开发，融入企业实际工作岗位标准和真实经济业务，是一本紧密结合生产实际的实训教材。

本教材采用以工作过程为导向的项目化编写模式，按照出纳岗位的工作过程组织和编排教学内容，共设计认知出纳岗位、出纳基本技能、处理现金收支业务、处理银行支付结算业务、出纳业务信息化、出纳工作交接六个项目。采用“项目引领、任务导向”的教材体例和仿真情境的教学模式，为学生构建仿真会计业务环境、业务流程、业务单据，让其体验身临其境的岗前实训，确保实训教学与企业需求相对接、教学方式与学生学情相对接。本教材具有以下特点：（1）对接最新税收法律法规；（2）数字资源丰富，采取线上与线下结合的实践模式；（3）实操练习占比 70% 左右。

本教材力求全面准确地反映出纳典型工作任务的办理流程与手续，着重体现出纳工作内部控制的严密性和各项手续的规范性与完整性，与相关会计业务紧密联系，并进行适当补充，便于学生对相关业务的处理有一个完整的理解，可以方便、灵活地应用到实际工作当中去。

本教材适用于中等职业学校会计及相关专业的学生，在学习完“会计基础”课程并熟悉会计基本理论知识的基础之上学习本教材。

由于编者水平有限，加之时间仓促，教材中难免出现不妥之处，恳请广大读者给予批评指正。

编写组

目　录

项目一　认知出纳岗位

出纳是财务工作的重要组成部分，具有会计的工作属性，但又是一个不同于一般会计的岗位。在实际工作中，出纳员每天都要与货币资金、票据及有价证券等打交道，尤其是大量的银行存款和现金在手中经过，稍有疏忽，就很容易出现差错。因此，如果没有良好的职业道德和基本业务技能，是不可能成为一名合格的出纳员的。

那么，出纳员是做什么具体工作的？应聘一个单位的出纳员要具备哪些条件？出纳员的工作职责和权限是什么？……带着这些问题，就让我们先从认知出纳岗位开始吧！

任务　认知出纳岗位

任务目标

知识目标：了解出纳工作的具体内容，掌握出纳员应具备的基本素质要求，明确出纳岗位的职责与权限。

能力目标：能够正确认识出纳工作性质，胜任出纳岗位工作。

素养目标：养成并提升出纳职业素养，树立出纳员责任意识。

知识结构图

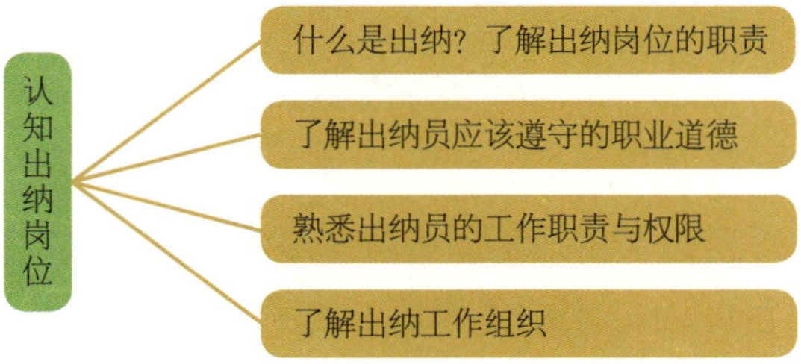

活动一　什么是出纳？了解出纳岗位的职责

问一问　同学们，你们对出纳工作了解多少？你们知道出纳员的工作职责有哪些吗？

搜一搜　什么是出纳？如何进行出纳员的内部分工 ？

知识链接

一、出纳的含义

出纳作为会计名词，运用在不同场合有着不同含义。从这个角度讲，出纳一词至少有出纳工作、出纳员两种含义。出纳，顾名思义，出即支出，纳即收入。出纳工作是管理货币资金、票据、有价证券进进出出的一项工作。具体地说，出纳是按照有关规定和制度，办理本单位的现金收付、银行结算及有关账务，保管库存现金、有价证券、财务印章及有关票据等工作的总称。从广义上讲，只要是与票据、货币资金和有价证券的收付、保管、核算有关的工作，就都属于出纳工作。

二、出纳岗位的职责

出纳岗位的职责一般包括：（1）办理现金收付和结算业务；（2）登记现金和银行存款日记账；（3）保管库存现金和各种有价证券；（4）保管有关印章、空白收据和空白支票。

三、出纳人员的工作职责

出纳是会计工作的重要环节，涉及现金收付、银行结算等活动，而这些又直接关系到职工、单位乃至国家的经济利益，出纳工作出了差错，就会造成不可挽回的损失。因此，明确出纳员的工作职责和权限，是做好出纳工作的起码条件。

根据《会计法》《会计基础工作规范》等财会法规，出纳员具有以下工作职责：

（1）按照国家有关现金管理和银行结算制度的规定，办理现金收付和银行结算业务。出纳员应严格遵守现金开支范围，非现金结算范围不得用现金收付；遵守库存现金限额，超限额的现金按规定及时送存银行；现金管理要做到日清月结，账面余额与库存现金每日下班前应核对，发现问题，及时查对；银行存款日记账与银行对账单也要及时核对，如有不符，应立即通知银行调整。

（2）根据会计制度的规定，在办理现金和银行存款收付业务时，要严格审核有关原始凭证，再据以编制收付款凭证，然后根据编制的收付款凭证逐笔顺序登记现金日记账和银行存款日记账，并结出余额。

（3）按照国家外汇管理和结汇、购汇制度的规定及有关批件，办理外汇出纳业务。外汇出纳业务是政策性很强的工作，随着改革开放的深入发展，国际经济交往日益频繁，外汇出纳也越来越重要。出纳员应熟悉国家外汇管理制度，及时办理结汇、购汇、付汇，避免国家外汇损失。

（4）掌握银行存款余额，不准签发空头支票，不准出租、出借银行账户为其他单位办理结算。这是出纳员必须遵守的一条纪律，也是防止经济犯罪、维护经济秩序的重要方面。出纳员应严格支票和银行账户的使用和管理，从出纳这个岗位上堵塞结算漏洞。

（5）保管库存现金和各种有价证券(如国库券、债券、股票等)的安全与完整。要建立适合本单位情况的现金和有价证券保管责任制，如发生短缺，属于出纳员责任的要进行赔偿。

（6）保管有关印章、空白收据和空白支票。印章、空白票据的安全保管十分重要，在实际工作中，因丢失印章和空白票据给单位带来经济损失的不乏其例。对此，出纳员必须高度重视，建立严格的管理办法。通常单位财务公章和出纳员名章要实行分管，交由出纳员保管的出纳印章要严格按规定用途使用，各种票据要办理领用和注销手续。

四、出纳员的内部分工

规模较大、业务复杂、有两名以上出纳员的单位，要在出纳部门内部实行岗位责任制，对出纳员的工作进行明确的分工，使每项出纳工作都有出纳员负责、每个出纳员都有明确的职责。出纳员的具体分工要从管理的要求和工作便利等方面综合考虑，通常可按现金与银行存款、银行存款的不同户头、票据与有价证券的办理等工作性质上的差异进行分工。也可以将整个出纳工作划分为不同的阶段和步骤，按工作阶段和步骤进行分工。公司内部“结算中心”式的出纳机构，还可以按不同分公司定岗定人。

五、出纳的日常工作内容

出纳的日常工作主要包括货币资金核算、往来结算、工资核算三个方面的内容。货币资金核算的日常工作要按照国家有关现金管理制度的规定，根据稽核人员审核签章的收付款凭证进行复核，办理款项收付。重大的开支项目必须经过会计主管人员、总会计师或单位领导审核签章，方可办理。收付款后，要在收付款凭证上签章，并加盖“收讫”“付讫”戳记。

活动二　了解出纳员应该遵守的职业道德

模拟情景

在广宇诚信有限责任公司的一次招聘会上，李明前来应聘出纳员一职。该公司财务负责人问：“你认为出纳是做什么的？”李明回答：“出纳就是管钱的，跑银行的，负责现金、银行存款的收支业务。”公司财务负责人接着问：“你认为你是否具备了一名合格出纳员的条件？”李明回答：“是的。我是会计专业毕业的，在学校就已经考取了助理会计师证书。平时做事严谨认真，又有相关的专业知识和点钞、计算机操作等技能。”李明还把相关证书拿给公司财务负责人看。

问一问 李明能顺利通过面试吗？如果你是李明，将如何回答？请把你的回答写下来。

搜一搜 作为一名合格的出纳员，应具备哪些基本素质？

知识链接

出纳是一项特殊的职业，整天接触成千上万的钞票，真可谓万贯家财手中过。没有良好的职业道德，很难顺利通过“金钱关”。与其他会计人员相比较，出纳员更应严格地遵守职业道德。

一、会计人员应该遵守的职业道德

（1）敬业爱岗。会计人员应当热爱本职工作，努力钻研业务，使自己的知识和技能适应所从事工作的要求。

（2）熟悉法规。会计人员应当熟悉财经法律、法规和国家统一会计制度，并结合会计工作进行广泛宣传。

（3）依法办事。会计人员应当按照财经法律、法规和国家统一会计制度规定的程序和要求进行会计工作，保证提供的会计信息合法、真实、准确、及时、完整。

（4）客观公正。会计人员在办理会计事务中应当实事求是、客观公正。

（5）搞好服务。会计人员应当尽其所能，为改善单位的内部管理、提高单位的经济效益服务。

（6）保守秘密。会计人员应当保守本单位的商业秘密，除法律规定和单位领导同意外，不能私自向外界提供或泄露单位的会计信息。

除此之外，出纳人员还应特别注意如下两点：

一是要清正廉洁。清正廉洁是出纳员的立业之本，是出纳员职业道德的首要方面。出纳员掌握着一个单位的现金和银行存款，若要把公款据为己有或挪作私用，有方便的条件和较多的机会。同时，外部的经济违法分子也往往会在出纳员身上打主意，施以小惠，拉其下水。应该说，面对钱欲物欲的考验，绝大多数出纳员以坚定的意志和清正廉洁的高贵品质赢得了人们的赞誉。当然，也有少数出纳员利用职务之便营私舞弊、监守自盗、挪用公款，到头来害了集体也害了自己。

二是要坚持原则。出纳员肩负着处理各种利益关系的重任，只有坚持原则，才能正确处理国家、集体与个人的利益关系。在工作中，有时需要牺牲局部与个人利益以维护国家利益，有时需要为了维护法律、法规的尊严而去得罪同事和领导。这些都是出纳员应该坚持和必须做好的。为了保障国家和集体的利益，广大出纳员要真正肩负起国家赋予的实行会计监督的职责，在出纳工作中坚持原则，自觉抵制不正之风，为维护会计工作秩序的正常贡献自己的力量。

二、根据会计业务的特点填写“摘要”

会计凭证中有关经济业务的内容的摘要必须真实。在填写“摘要”时，既要简明，又要全面、清楚，应以说明问题为主。写物要有品名、数量、单价，写事要有过程，银行结算凭证要注明支票号码、去向，送存款项要注明现金、支票、汇票等。遇有冲转业务，不应只写冲转，应写明冲转某年、某月、某日、某项经济业务和凭证号码，也不能只写对方科目。要求“摘要”能够正确、完整地反映经济活动和资金变化的来龙去脉，切忌含糊不清。

三、凭证传递的内容和注意事项

会计凭证的传递是会计凭证从填制或取得时起，经审核、记账到装订保管的全过程。各单位在制定会计凭证的传递程序、规定其传递时间时，通常要考虑以下两点内容：（1）根据各单位经济业务的特点、企业内部机构组织、人员分工情况及经营管理的需要，从完善内部牵制制度的角度出发，规定各种会计凭证的联次及其流程，使经办业务的部门及其人员能及时办理各种凭证手续，既符合内部牵制原则，又提高工作效率。（2）根据有关部门和人员办理经济业务的必要手续的需要，确定凭证在各个环节停留的时间，保证业务手续的完成，又要防止不必要的耽搁，从而使会计凭证以最快的速度传递，充分发挥及时传递经济信息的作用。

四、处理有问题的原始凭证

在审核原始凭证的过程中，会计（出纳）人员要认真执行《会计法》所赋予的职责、权限，坚持制度，坚持原则。对违反国家规定的收支，超过计划、预算或者超过规定标准的各项支出，违反制度规定的预付款项，非法出售材料、物资，任意出借、变卖、报废和处理财产物资，以及不按国家关于成本开支范围和费用划分的规定乱挤、乱摊生产成本的凭证，会计人员应拒绝办理。对于内容不完全、手续不完备、数字有差错的凭证，会计人员应予以退回，要求经办人补办手续或进行更正。

五、出纳工作交接手续的办理

《会计法》第二十四条规定：“会计人员调动工作或者离职，必须与接管人员办理交接手续。一般会计人员办理交接手续，由会计机构负责人、会计主管人员监交。”出纳交接要按照会计人员交接的要求进行。出纳员调动工作或者离职时与接管人员办清交接手续，是出纳员应尽的职责，也是分清移交人员与接管人员责任的重大措施。办好交接工作可以使出纳工作前后衔接，防止账目不清、财务混乱。出纳工作交接要做到两点：一是移交人员与接管人员要办清手续；二是交接过程中要有专人负责监交。

活动三　熟悉出纳员的工作职责与权限

模拟情景

永盛化工厂的空白支票、空白发票及所有的银行预留印鉴均由出纳员王倩保管。一天，王倩的好朋友李娜急需8万元，向王倩借钱，承诺5天内全额偿还。王倩个人资金比较紧张，但又很想帮助李娜，于是就拿出工厂的空白支票，开出金额为8万元的一张现金支票给了李娜。5天后，李娜失信，没有按时还款。在第10天，上级主管部门对永盛化工厂的流动资金进行突击检查。此时，王倩处于惶恐不安之中。

问一问　（1）该工厂的空白支票、空白发票和财务印章的管理是否存在漏洞？

（2）出纳员王倩是否违背职业道德？

你是如何看待上述问题的？把你的看法写下来。

搜一搜　出纳员有哪些工作职责？又有哪些工作权限？

知识链接

出纳员的工作权限

根据《会计法》《会计基础工作规范》等财会法规，出纳员有以下工作权限：

（1）维护财经纪律，执行财务规章制度，抵制不合法的收支和弄虚作假行为。《会计法》规定：各单位的会计机构、会计人员对本单位实行会计监督。会计机构、会计人员对不真实、不合法的原始凭证，不予受理；对记载不准确、不完整的原始凭证，予以退回，要求更正、补充。

会计机构、会计人员发现账簿记录与实物、款项不符的时候，应当按照有关规定进行处理；无权自行处理的，应立即向本单位负责人报告，请求查明原因，做出处理。

会计机构、会计人员对违法的收支，应当制止和纠正；制止和纠正无效的，应当向本单位负责人提出书面意见，要求处理。

（2）管好、用好货币资金。出纳员在办理货币资金收支业务时，严格遵守《现金管理暂行条例及实施细则》和《支付结算办法》，这就赋予了出纳员对货币资金的管理职权。出纳员掌握着单位货币资金的来龙去脉，可以根据自身所具有的有利条件参与单位货币资金计划定额管理，为单位提出合理安排利用货币资金的意见与建议，及时提供货币资金的使用和周转信息。

练一练

广宇诚信有限责任公司营业部开票员王菲申请领用空白收据1本，编号NO.000426001–NO.000426100，财务负责人李明华核准，请尝试将“空白收据登记簿”（见表1–1–1）填写完整。

表 1–1–1　　空白收据登记簿

领用日期		领用单位	数量	起始号码	证件	领用人	批准人
月	日						

活动四　了解出纳工作组织

模拟情景

某公司负责登记总账和编制报表的会计因病在家休养半年，单位一时找不到合适的人接管其工作，经理便安排出纳员刘华暂时接管。事后，因为经理工作忙，也没有再安排他人接管总账和报表工作。1年后，发现刘华在兼职期间挪用公款50多万元，给公司造成巨大损失。

问一问　公司为什么会损失50多万元？请把你的见解写下来。

搜一搜　出纳员能否兼管收入、费用、债权债务账目的登记？能否兼管稽核、会计档案保管？

知识链接

一、出纳机构设置

《会计法》对各单位会计、出纳机构与人员的设置没有做出硬性规定，只是要求各单位根据业务需要来设置。各单位可根据单位规模和货币资金管理的要求，结合出纳工作的繁简程度来设置出纳机构。出纳机构一般设置在会计机构内部，如各企事业单位财会科、财务处内部设置专门处理出纳业务的出纳组、出纳室。

二、单位出纳员的配备

出纳员的配备主要取决于本单位出纳工作量的多少和繁简程度，要以业务需要为原则，既要满足出纳工作量的需要，又要避免徒具形式、人浮于事的现象。一般可采用一人一岗、一人多岗、一岗多人等几种形式。

一人一岗：规模不大的单位，出纳工作量不大，可设专职出纳员1名。

一人多岗：规模较小的单位，出纳工作量较小，可设兼职出纳员1名。没有条件单独设置会计机构的单位，至少要在有关机构（如单位的办公室、后勤部门等）中设兼职出纳员1名，但兼职出纳员不得兼管收入、费用、债权债务账目的登记工作及稽核工作和会计档案保管工作。

一岗多人：规模较大的单位，出纳工作量较大，可设出纳员多名。如分设管理收付的出纳员和管账的出纳员，或者分设现金出纳员和银行结算出纳员等。

三、不相容岗位的规定

《会计法》第二十一条第二款、第三款规定，会计机构内部应当建立稽核制度，出纳员不得兼管稽核、会计档案保管和收入、费用、债权债务账目的登记工作。钱账分管原则是指凡是涉及款项和财物收付、结算及登记的任何一项工作，必须由两人或两人以上分工办理，以起到相互制约的作用。

课堂讨论会

主题：结合所学知识，探讨如何成为一名合格的出纳员。

案例：刘帅是广宇诚信有限责任公司的出纳员，他在自己的工作岗位上一直勤勤恳恳、任劳任怨、工作出色、很受领导器重。有一天，公司长期合作伙伴红星大酒店的采购员张建来找刘帅付清上月所欠的零星货款200元，两人闲聊了一会儿，结果张建走的时候忘了让刘帅开具发票。刘帅环顾财务室，见空无一人，两张百元现钞展现在眼前，虽然不多，但比自己一个月的出勤奖要多。再说，公司与红星大酒店的业务往来非常密切，谁都不会记得有这么一笔小小的零星货款，而且办公室里其他同事都去开会了，发票又没开，要不……（保留谜底）

问题：作为一名出纳员，刘帅应该如何做？刘帅如果把200元装进自己的口袋，违背了什么职业道德？有怎样的后果？

要求：学生分组讨论、汇总，各组展示，老师点评。

揭开谜底：刘帅最终把抽屉重重一关，然后拿起电话拨给张建，让他尽快来取发票。等他做完了这一切，负责财务的副总经理从门口走了进来，笑着对刘帅说："你已经通过考验，根据你这三年来的优秀表现，公司决定任命你为财务主管。"

项目二　出纳基本技能

出纳是会计工作的组成部分，具有一般会计工作的基本属性。但它又是一个专门的岗位，须具备专门的技能，因此又有自身的工作特点。在实际工作中，出纳担负着一个单位货币资金的收付与存取任务，是一项政策性较强的工作；凭证的填制、网上银行的使用、保险柜的使用、与银行对账的技巧等工作需要专业的知识与技能。因此，如果没有良好的职业道德和丰富的专业知识与技能，是不能成为一名优秀的出纳员的。

那么，要应聘一个单位的出纳员须具备哪些素质？出纳员的基本技能有哪些？……就让我们带着这些问题，来学习作为出纳员应掌握的技能吧！

任务一　出纳书写技能

任务目标

知识目标：明确出纳书写技能的具体内容。

能力目标：掌握出纳工作中使用的会计文字书写和会计数字书写的规范。

素养目标：掌握规范的数字书写技能。

知识结构图

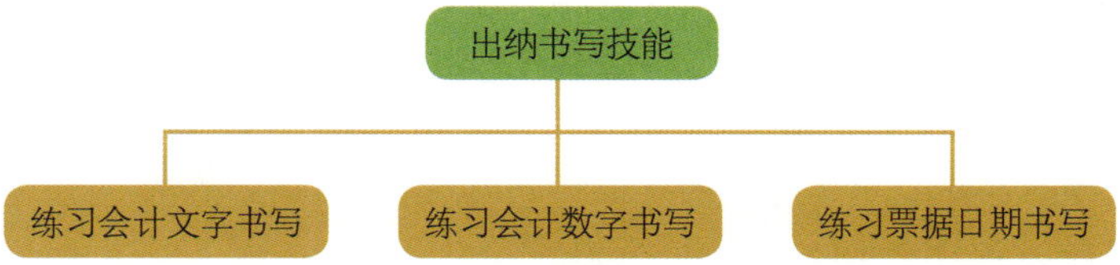

活动一　练习会计文字书写

试一试　自己先在练习簿上书写一笔经济业务内容摘要，看能否做到规范、美观。与周围同学比较一下，看谁书写得更规范。

搜一搜　会计文字书写规范有哪些？把它们记录下来并理解。

知识链接

会计文字书写规范

出纳工作离不开会计文字书写，其基本要求是正确、规范、清晰、整洁、美观。具体要求如下：

（1）要用蓝黑墨水或碳素墨水书写，不得用铅笔、圆珠笔（用复写纸复写除外）。红色墨水只在特殊情况下使用。填写支票必须使用碳素笔。

（2）文字一般要紧靠左竖线书写，文字与左竖线之间不得留有空白部分。

（3）文字不能满格书写，一般要占空格的1/2或2/3。

（4）文字要清晰，要用正楷或行书书写。

活动二　练习会计数字书写

试一试　找一张银行汇票样张，试着根据一笔银行付款业务填制，看一看涉及的会计数字有哪几种、有什么区别。

查一查　会计数字书写有哪些要求？把它们记录下来并理解。

知识链接

会计数字有两种：一种是阿拉伯数字，另一种是中文大写数字。通常将用阿拉伯数字表示的金额数字称为“小写金额”，将用中文大写数字表示的金额数字称为“大写金额”。

一、小写金额书写方法

阿拉伯数字有1、2、3、4、5、6、7、8、9、0。

小写金额应由高位到低位、从左到右、自上而下，一个一个地认真书写；不得连笔写，数字间不能留有空格；数字书写斜度大约60度，高度约占表格的二分之一。

“1”的下端应紧靠分位格的左下角，以免篡改。

“2”不能写成“Z”，以免改为3。

"3"要使起笔处至拐弯处距离稍长，拐弯处要光滑，使其不易改成5。

"4"的"∠"要死折，使其不易改成6。

"5"的短横与"秤钩"必须明显，以防与8混淆。

"6"的上半部分应斜伸至上半格的四分之一处，下圈要明显，使其不易改成4和8。

"7"要上低下半格的四分之一、下伸至次行上半格的四分之一处，折画不得圆滑，要与1和9有明显区别。

"8"的上圈要稍小、下圈应稍大，注意起笔应写成斜"S"形，终笔与起笔交接处应成棱角，以防将3改为8。

"9"的小圈不要留有空隙，要闭合，上低下半格的四分之一，一竖要稍长，略出行。

"0"要写成椭圆形，既不要写得太小，又不要开口，不留尾巴。

阿拉伯数字的规范书写字样如图2-1-1：

图2-1-1

二、大写金额书写方法

中文大写数字主要有壹、贰、叁、肆、伍、陆、柒、捌、玖、零，另外还有拾、佰、仟、万、亿等。

大写金额前未印"人民币"的，应加填"人民币"，并且与金额数字紧连，不得留有空格。大写金额数字到元或角为止的，在"元"或"角"字之后应当写"整"或"正"字。如￥324.50，应写为：人民币叁佰贰拾肆元伍角整。大写金额有分的，"分"字之后不再写"整"或"正"字。如￥324.56，应写为：人民币叁佰贰拾肆元伍角陆分。

阿拉伯数字中间有"0"的，汉字大写数字要写"零"字。如￥307.56，应写为：人民币叁佰零柒元伍角陆分。阿拉伯数字中间连续有几个"0"时，汉字大写数字只写一个"零"字。如￥30 007.56，应写为：人民币叁万零柒元伍角陆分。阿拉伯数字最高位是"1"的，汉字大写数字要加写"壹"字。如￥16.60，应写为：人民币壹拾陆元陆角整。

练一练

请同学们在数字练习簿上每天坚持规范地书写至少1页。

活动三　练习票据日期书写

问一问　同学们平时写信时是如何书写日期的？你们知道票据上的日期是怎样书写的吗？

看一看　请同学们仔细看一下支票（见图2-1-2）上的日期书写格式，与你们写信时的日期书写有何不同？

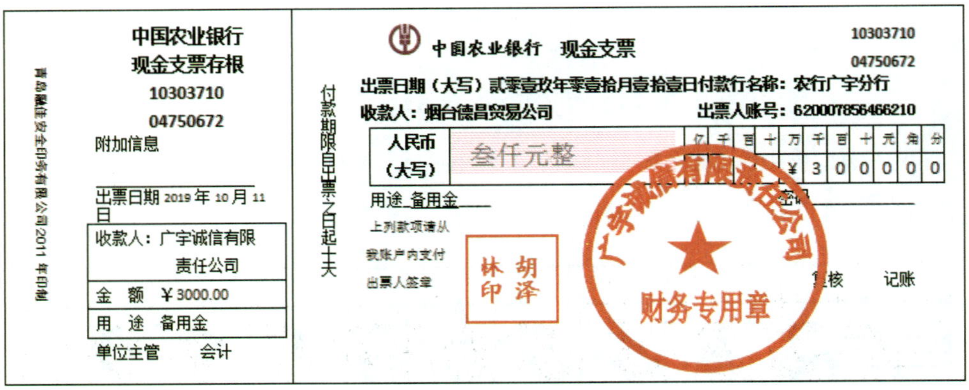
青岛融佳安全印务有限公司2011年印制

中国农业银行
现金支票存根
10303710
04750672
附加信息

出票日期 2019 年 10 月 11 日

收款人：广宇诚信有限责任公司
金　额　￥3000.00
用　途　备用金
单位主管　　会计

付款期限自出票之日起十天

中国农业银行　现金支票
10303710
04750672
出票日期（大写）贰零壹玖年零壹拾月壹拾壹日付款行名称：农行广宇分行
收款人：烟台德昌贸易公司　　出票人账号：620007856466210

人民币（大写）	叁仟元整	亿	千	百	十	万	千	百	十	元	角	分
						￥	3	0	0	0	0	0

用途 备用金
上列款项请从
我账户内支付
出票人签章
林印　胡泽
广宇诚信有限责任公司　财务专用章
复核　　记账

图2-1-2

知识链接

票据日期书写方法

支票、银行本票、银行汇票和商业汇票等银行票据都存在有效期限，为防止人为变造，银行票据上的出票日期必须使用大写填写。使用小写填写的，银行不予受理。正确的书写要求具体如下：

（1）月为壹月、贰月和壹拾月的，应在其前面加“零”。

（2）日为壹至玖及壹拾、贰拾、叁拾的，应在其前面加“零”。

（3）日为拾壹至拾玖的，应在其前面加“壹”。

例如：2月26日，应写成零贰月贰拾陆日；10月12日，应写成零壹拾月壹拾贰日。

票据和结算凭证上的金额、出票或者签发日期、收款人名称等不得更改，有更改的单据一律无效。票据和结算凭证上一旦写错或漏写了数字，必须重新填写，不能在原单据上改写，以保证所提供数字真实、准确、及时、完整。

练一练

请同学们将下列日期按照票据日期的书写要求写出来：

2019年2月17日、2019年3月9日、2019年8月25日、2019年10月13日、2019年12月23日。

任务二　出纳点钞技能

任务目标

知识目标： 熟练掌握手持式单指单张点钞法、机器点钞法。

能力目标： 能在规定时间内对整把或散把的练功券进行清点。

素养目标： 养成严谨、规范、高效的职业技能素质。

知识结构图

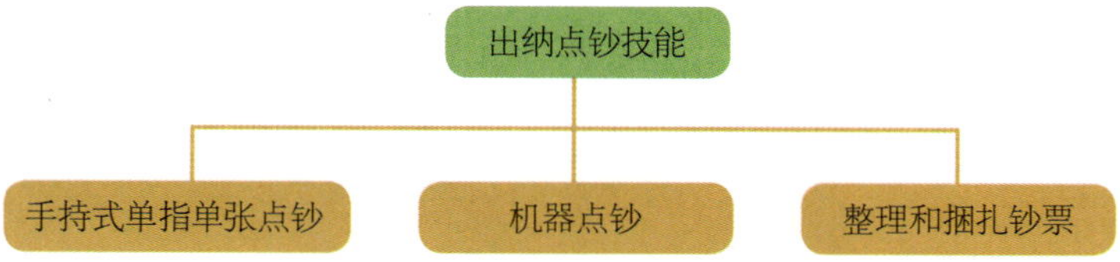

活动一　手持式单指单张点钞

问一问　同学们平时都是如何手工点钞的？你们知道几种常见的手工点钞方法？请把它们写出来。

知识链接

手持式单指单张点钞　　持钞并拆把

手持式单指单张点钞法

1. 持钞

持钞时，上身挺直，双肩自然下垂，两小臂轻置于桌沿上。左手手心朝内，四指向右，打开中指与无名指，夹住钞面朝下的钞票左边二分之一处后，眼睛和钞票保持20 ~ 25厘米距离（见图2-2-1），然后中指、无名指和小指向内屈，同时把钞票竖起来，钞面向左（见图2-2-2）。

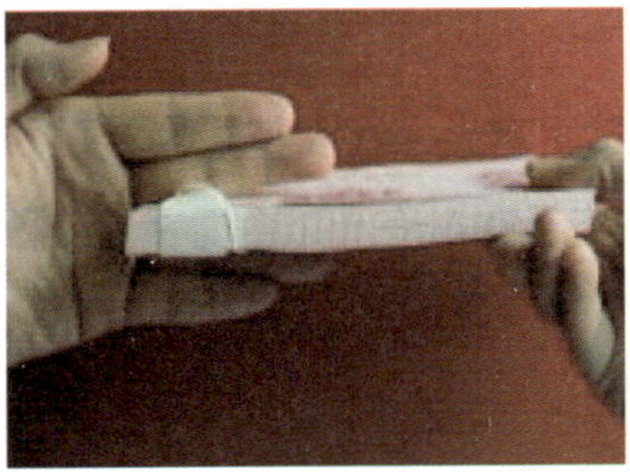

图2-2-1

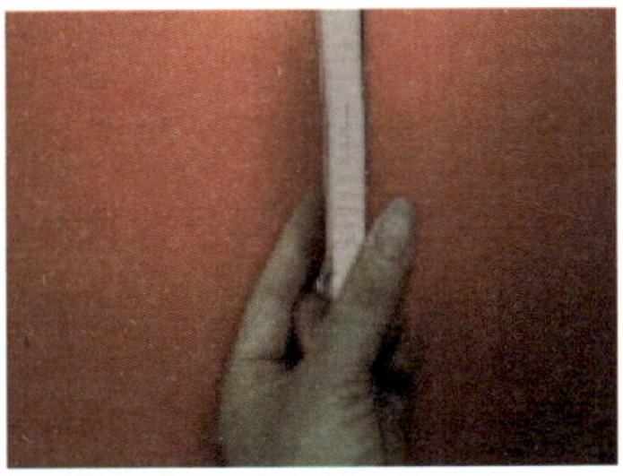

图2-2-2

2. 握钞

握钞时，左手拇指按在钞票内侧右边缘下端，顺着从下往上的方向同时向左轻轻推压钞票，食指托住钞面后腰，中指和无名指将钞票夹紧，握成弓形，内侧呈扇形，扇面要平整，钞间距离均匀（见图2-2-3）。

图2-2-3

3. 点钞

点钞分捻钞和弹钞两个环节。钞面向内，右手食指与中指横托在钞票右上角，右手拇指指尖轻轻向右下方向捻动钞票（见图2-2-4）。每捻动一张，右手无名指向内弹一张，同时左手拇指指尖配合推动钞票。捻钞位置要准确，动作要轻快；弹钞要迅速（见图2-2-5）。

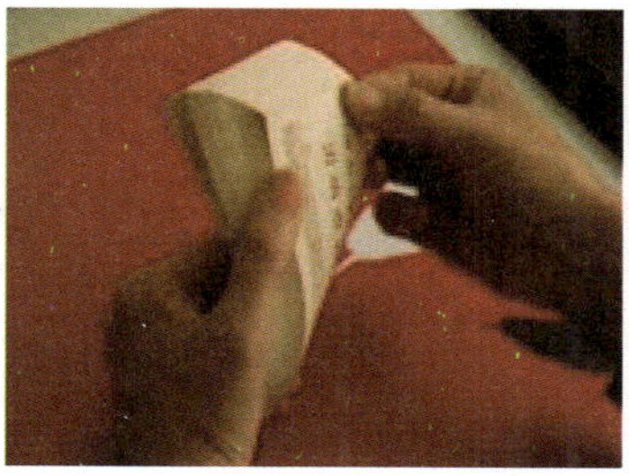

图2-2-4

图2-2-5

手持式四指四张点钞的起钞与点钞

4. 计数

采用单一计数法或分组计数法。单一计数法要求从1开始累计计数。分组计数法如下：

1，2，3，…，8，9，10；

2，2，3，…，8，9，10；

3，2，3，…，8，9，10。

或者1，2，3，…，8，9，1；

1，2，3，…，8，9，2；

1，2，3，…，8，9，3。

无论哪种计数法都要默记，心里配合手的动作来计数，不要念出来，因为这会影响点钞的速度和准确性。

练一练

请同学们用练功券练习手持式单指单张点钞法，完成整个点钞操作流程。相互比较评判，看有什么问题与技巧。

活动二　机器点钞

议一议　你使用过点钞机吗？机器点钞应注意什么问题？有什么优点和缺点？请写一写。

知识链接

机器点钞法

机器点钞是用点钞机代替部分人工操作的点钞方式。机器点钞速度较快，减轻了工作人员的劳动强度。但由于点钞机有一定的局限性，所以机器点钞多用于钞票的复点。机器点钞法具体操作步骤如下：

（1）开机。打开点钞机的电源开关和计数器开关，使其处于开始工作状态。

（2）验机。拿一把钞票试点，观察机器转速是否均匀、点数是否准确。

（3）清点。右手横握钞票，捻成前低后高的斜面，再放进点钞机的滑钞板，并使钞票顺着滑钞板形成一定的坡度（见图2-2-6）。钞票全部落入接钞板后，查验计数器上显示的数字是否与捆扎条上记录的数字一致，如无误，左手将钞票取出，右手继续放入下一把钞票，否则需要重新清点查验。

清点钞票

（4）捆扎。将清点好的钞票按标准捆扎好，放在点钞机的另一侧。

（5）盖单。在捆扎好的钞票的扎钞条的侧面依次盖上验钞人的印章，以明确经济责任。

图2-2-6

钞票的盖章

练一练

利用会计技能实训室配备的点钞机练习机器点钞。

活动三　整理和捆扎钞票

搜一搜　如何整理和捆扎钞票？

钞票的捆扎

手持式四指四张点钞的捆扎

知识链接

一、钞票的整理

出纳整理钞票应分成两步，先整理挑选，再分类清点。在清点钞票前，应按券别将钞票分类，同时挑出残损券，然后对完整券和残损券分别进行清点，并进行真伪鉴别。

二、钞票的捆扎

常用的捆扎方法有手工捆扎法和机器捆扎法。机器捆扎法是采用专门的钞票扎把机进行捆扎。手工捆扎法主要采用缠绕捆扎法，具体步骤如下。

1. 持钞

将清点准确的钞票蹾齐后横立，然后将钞票左侧夹在左手虎口处，左手拇指横捏在钞票的正面左侧二分之一处（见图2-2-7），其余四指捏在钞票的背面（见图2-2-8）。拇指向后，其余四指向前用力，把票面压成瓦状（瓦状的幅度影响钞票的松紧）。

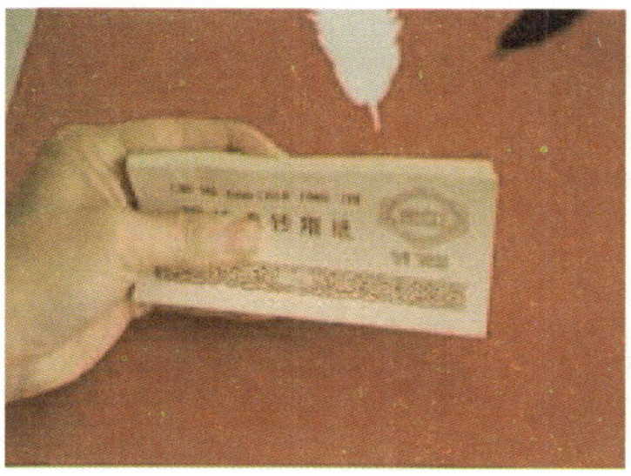

图2-2-7

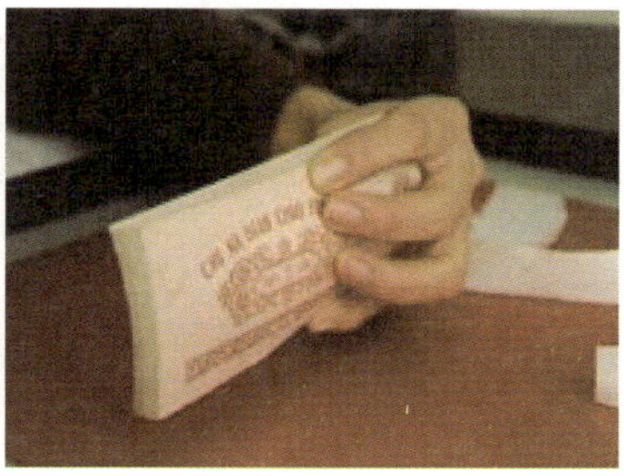

图2-2-8

2. 压条

左手持钞票，右手将扎钞条的前端压在钞票外侧的左手中指与无名指或食指下（见图2-2-9）。

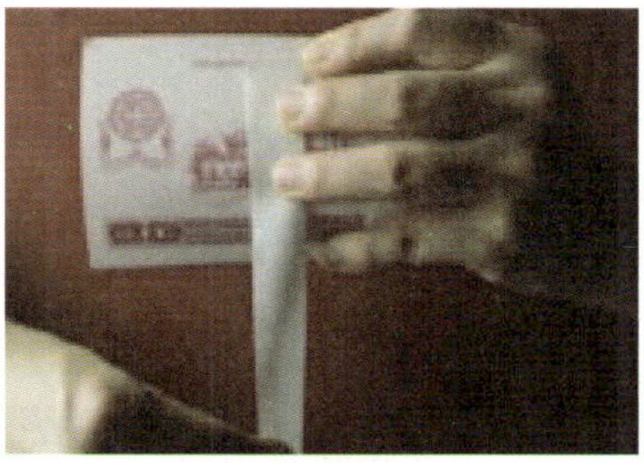

图2-2-9

3. 缠绕

右手食指与中指夹住扎钞条，顺着从上往下再向里缠绕钞票（见图2-2-10）。扎钞条缠绕至钞票上方时，换成拇指与食指捏住扎钞条，用力向下拉紧（见图2-2-11）。此时扎钞条经过左手中指与无名指，两指相继松开后又压住缠绕过的扎钞条。将扎钞条缠绕两圈后拉紧（见图2-2-12），然后沿钞票上沿打结并捆扎好。

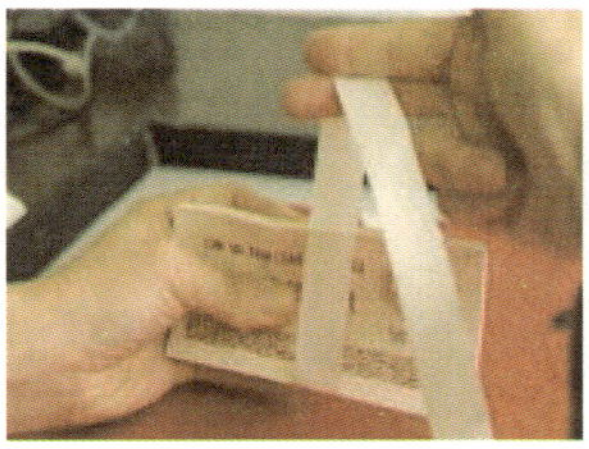

图2-2-10

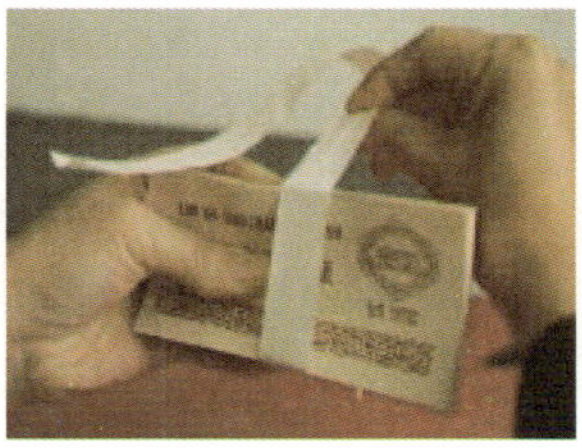

图2-2-11

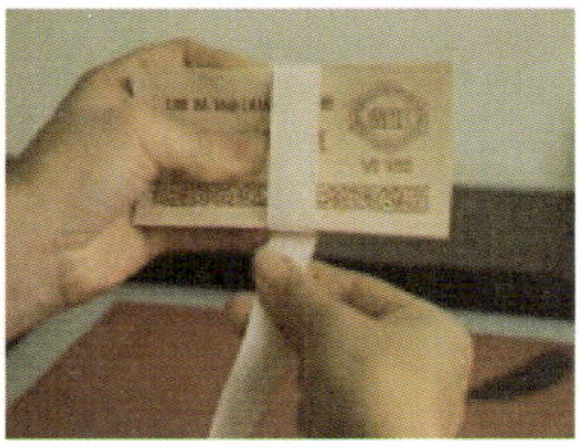

图2-2-12

4. 整理

将瓦状钞票放在桌面上抚平整。

练一练

在课堂上，让学生将桌面上的散把练功券清点为每100张一把，并采用缠绕捆扎法捆扎。做完后，分析总结缠绕捆扎法的要点与技巧。

任务三　出纳识别假币技能

任务目标

知识目标：了解第五套人民币的特征，掌握真假人民币的鉴别方法。

能力目标：能够较好地识别第五套人民币的真币和假币。

素养目标：增强理财意识，培养节约用钱的良好习惯。

知识结构图

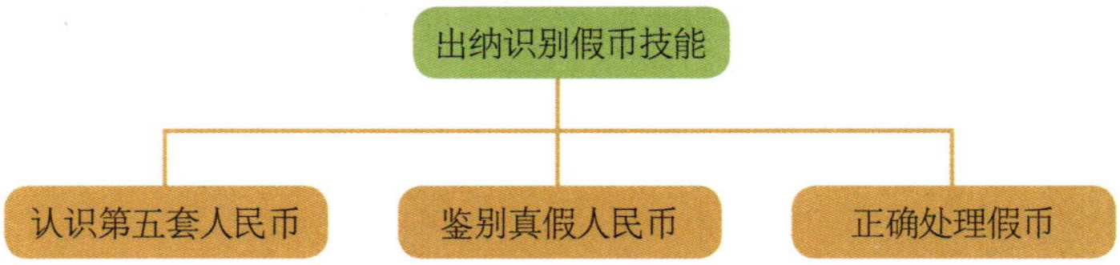

活动一　认识第五套人民币

议一议　仔细观察每人手中的人民币，讨论各种币值的人民币都有什么特点，把它们总结出来。

查一查　我国第五套各种面值的人民币都有哪些防伪标识？

知识链接

2019年版人民币识别

2019年版第五套人民币特征

2019年8月30日，中国人民银行发行了2019年版第五套人民币，包含50元、20元、10元、1元纸币，1元、5角、1角硬币。

1. 50元纸币

正面中部面额数字调整为光彩光变面额数字“50”，左下角光变油墨面额数字调整为胶印对印图案，右侧增加动感光变镂空开窗安全线和竖号码（见图2-3-1）。背面取消全息磁性开窗安全线（见图2-3-2）。

图2-3-1

图2-3-2

2. 20元纸币

正面中部面额数字调整为光彩光变面额数字“20”，取消全息磁性开窗安全线，调整左侧胶印对印图案，右侧增加光变镂空开窗安全线和竖号码（见图2-3-3）。

图2-3-3

3. 10元纸币

正面中部面额数字调整为光彩光变面额数字“10”，取消全息磁性开窗安全线，调整左侧胶印对印图案，右侧增加光变镂空开窗安全线和竖号码（见图2-3-4）。

图2-3-4

4. 1元纸币

正面左侧增加面额数字白水印，取消左下角装饰纹样（见图2-3-5）。

图2-3-5

练一练

请每个同学都准备100元、50元、20元、10元等不同面额的人民币，仔细查看它们的防伪特征，看看自己能找出多少条。

活动二　鉴别真假人民币

议一议　在日常生活中你接触过假币吗？你是怎么识别出假币的？请把识别方法总结出来。

查一查　常见的假币有哪几种类型？这些假币有什么共同特点？

知识链接

一、假币类型

假币主要分为变造币和伪造币两种。变造币是指在真币基础上或以真币为基本材料，通过挖补、剪接、涂改、揭层等办法加工处理，使原币改变数量、形态，以此实现升值的各类假币。其主要特征是票面不完整：拼凑券是多条拼成的，揭页券无正面或无背面，挖补券的数字和文字被变造。

伪造币是指仿造真币原样，利用各种手段非法重新仿制的各类假币。其类型主要有：①手工描绘或手工刻版印刷的假币；②利用一般办公工具伪造的假币；③使用小型的印刷设备制造的假币；④机制假币，即利用现代化的制版印刷设备伪造的假币；⑤拓印币，即利用化学药品复印的假币。

二、假币鉴别方法

假币的鉴别是一门专业性很强的技术，通常用看、摸、听、测相结合的综合方法来识别和鉴定真假人民币。

一看：主要看水印、安全线、光变油墨、画面等。

看水印：就是把人民币迎光照看，10元以上的人民币可在水印窗处看到层次丰富、立体感强的人头像或花卉水印。而假币一般都没有水印，即便有也是后期盖上的，立体感差。

看安全线：第五套人民币纸币各券别在票面正面中间偏左均有一条安全线，与钞票纸是融为一体的，有凸起的手感。而假币的安全线或者不是与钞票纸融为一体的，结合性差，或者是印刷上去的。

看光变油墨：真币的光变面额数字的颜色会随着角度的变化发生明显变化。假币的光变面额数字不会产生颜色变化或变化不明显。

看画面：真币图案色彩鲜明、线条清晰，对接图案线对接完好，无留白或空隙。假币这方面的特征要差很多。

二摸：真币采用特种原料，由专用设备特制的印钞专用纸印刷，手感光滑，厚薄均匀，坚挺有韧性。另外，人民币使用凹版印刷，线条形成凸出纸面的油墨道，特别是在盲文、“中国人民银行”字样、第五套人民币人像等地方，用手指抚摩会有明显的凹凸感。较新的钞票用指甲划过时，有明显的阻力。目前收缴的假币是使用胶版印刷，平滑、无凹凸感。

三听：通过抖动钞票使其发出声响，根据声音来分辨真伪。人民币是由专用设备特制的印钞专用纸印刷的，具有挺括、耐折、不易撕裂的特点。手持钞票用力抖动、手指轻弹或两手一张一弛轻轻对称拉动，能听到清脆响亮的声音。假币纸张发软、偏薄，声音发闷，不耐揉折。

四测：借助一些简单的工具和专用的仪器来分辨人民币的真伪。例如：用放大镜可以观察票面线条清晰度和胶印、凹印缩微文字等，用紫外灯照射票面可以观察钞票纸张和油墨的荧光反应，用磁性检测仪可以检测黑色横号码的磁性等。

练一练

准备几张第五套人民币真币和假币，请同学们进行鉴别，总结出真币和假币的区别。

活动三　正确处理假币

模拟情景

一天，出纳员王红在收款过程中收到一张面值100元的钞票，感觉好像是假币，便叫来财务主管一起辨别真伪。通过看、摸、听等方法，最终确定这是一张假币。

议一议　王红应该怎么处理这张假币？是退还给付款人还是将其没收？

想一想　你在生活中看到的收到假币的情况都是怎么处理的？以后再碰到这种情况，你应怎么做？

知识链接

假币的处理

出纳员在收付现金时如发现假币，应立即送交当地银行鉴别，由银行开具没收凭证；如发现可疑钱币而且不能辨别真伪的，应向持币人说明情况，开具临时收据，连同可疑钱币及时报送当地有假币鉴定权的金融机构进行鉴定。

出纳员误收变造币、伪造币被银行予以没收的，其经济损失由当事人等额赔偿，无法查明当事人的由出纳员赔偿。

项目三　处理现金收支业务

在日常经济活动中，各单位必然会发生现金的收付，因此，现金的管理和收付就成为出纳员非常重要的一项工作。现金的管理需要遵循哪些规章制度？出纳员是否可以随意收付现金？下面，就让我们先来认知一下现金。

任务一　认知现金

任务目标

知识目标： 理解现金管理制度、适用范围和现金收支的相关规定。

能力目标： 能快速判断现金适用范围，掌握现金收支的相关规定。

素养目标： 对现金业务有初步的认识，拓展知识面。

知识结构图

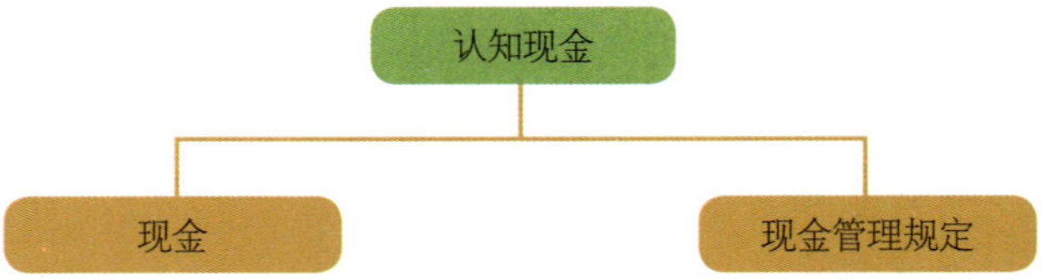

活动一 现 金

问一问 图3-1-1展示的这些是现金吗？

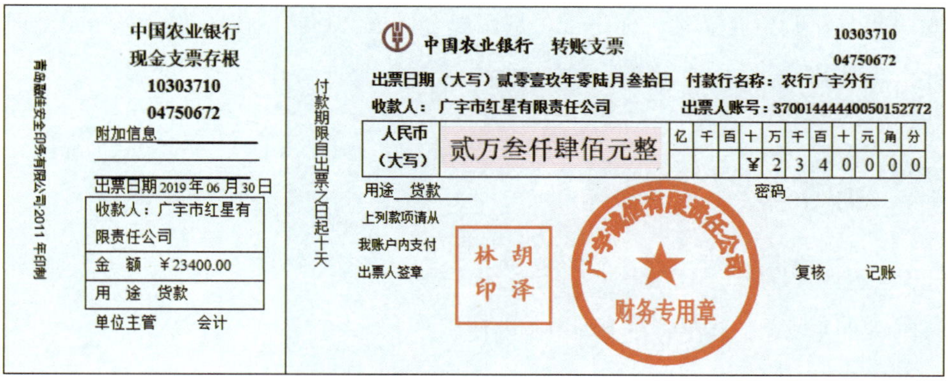

中国农业银行
现金支票存根
10303710
04750672
附加信息
出票日期2019年06月30日
收款人：广宇市红星有限责任公司
金 额 ¥23400.00
用 途 货款
单位主管 会计

青岛融佳安全印务有限公司·2011年印制

付款期限自出票之日起十天

中国农业银行 转账支票 10303710 04750672
出票日期（大写）贰零壹玖年零陆月叁拾日 付款行名称：农行广宇分行
收款人：广宇市红星有限责任公司 出票人账号：37001444440050152772

人民币（大写）	亿	千	百	十	万	千	百	十	元	角	分
贰万叁仟肆佰元整				¥	2	3	4	0	0	0	0

用途 货款 密码
上列款项请从
我账户内支付
出票人签章 林胡印泽 广宇诚信有限责任公司 财务专用章 复核 记账

图3-1-1

想一想 现金是什么？在日常生活中，你是否经常使用现金？请举例说明。

知识链接

现金的概念

现金是指立即可以投入流通的交换媒介，可以用来购买商品、货物、劳务或偿还债务。它是企业中流动性最强的资产，具有普遍的可接受性。

现金也是对其他资产计量的一般尺度，会计上对现金有广义和狭义之分。

广义的现金包括库存现金、银行存款和其他货币资金三个部分。

狭义的现金仅指库存现金，即企业保险柜中存放的现金，包括人民币和外币。

本书中提到的现金仅指库存现金。

活动二　现金管理规定

记一记　记录你一周的现金收支情况。

内容	收入	支出	结余

想一想　在购买商品时，你是否总是用现金付款？什么情况下你会选择使用现金付款？什么情况下你会选择使用银行卡或其他支付方式付款？为什么？

知识链接

一、现金收支范围

按国家有关规定，现金可在下列范围内使用：

（1）职工工资、津贴；

（2）个人劳务报酬；

（3）根据国家规定颁发给个人的科学技术、文化艺术、体育等各种奖金；

（4）各种劳保、福利费用及国家规定对个人的其他支出；

（5）向个人收购农副产品和其他物资的价款；

（6）支付出差人员必须随身携带的差旅费；

（7）结算起点以下的零星支出，现行规定的结算起点为1 000元；

（8）中国人民银行确定需要支付现金的其他支出。

二、现金收支相关管理规定

为保证现金收支的合法合规，出纳员在办理现金收支时必须遵守《现金管理暂行条例》的相关规定：

（1）不准超限额存放现金。现金收入应于当日送存银行，如当日送存银行确有困难，由开户银行确定送存时间；

（2）不准未经批准坐支现金。坐支现金是指企业直接从自己的现金收入中支付现金的做法；

（3）不准谎报用途套取现金。从银行提取现金时，应当注明具体用途，并由财会部门负责人签章，交开户银行审核后方可支取；

（4）不准用银行账户代其他单位和个人存取现金；

（5）不准将单位收入的现金以个人名义存储，即不得“公款私存”；

（6）不准保留账外公款，即不得设置“小金库”；

（7）不准用不符合财务制度的凭证顶替库存现金，即不得“白条抵库”；

（8）不准单位之间相互借用现金。

思考与训练

企业发生的下列经济业务中，有哪些可以使用现金支付？请说明理由。

（1）职工张兰出差，向财务部门预借差旅费3 000元。

（2）采购员王强购买办公用桌椅共花费869元，到财务报销。

（3）企业给员工发放工资，共计16 892元。

（4）企业支付本月房租2 500元。

（5）企业购买原材料支出12 000元。

任务二　处理现金收入业务

任务目标

知识目标：描述现金收入业务的处理程序。

能力目标：能够根据现金收入业务填制和审核原始凭证；能够根据填制和审核完成的原始凭证填制记账凭证；能够根据记账凭证登记现金日记账；熟练运用点钞、盖章、附件处理技能。

素养目标：培养逻辑思维能力，养成规范的操作习惯和严谨、细致的工作作风。

知识结构图

活动一　认知现金收入业务的原始凭证

想一想　假如你是广宇诚信有限责任公司的一名出纳员，在哪些情况下需要收取现金？

选一选　图3-2-1中哪些是现金收入业务所涉及的原始凭证？请选择。

入库单

2019 年 07 月 03 日　　供货单位（个人）：张宝　　NO. 0512461

品　名	规　格	单　位	数　量	单　价	金　额	备　注
平　菇	一级	KG	150	8.00	1200.00	
鸡腿菇	一级	KG	130	10.00	1300.00	
草　菇	一级	KG	150	15.00	2250.00	
合　计					¥4750.00	

送货人：张宝　　保管员　：XX　　制表:XXX

第三联记账联

收　　据

2019 年 06 月 11 日　　No 100702

今收到：刘东

交　来　差旅费余款

人民币（大写）贰佰伍拾柒元整　　¥ 257.00

现金收讫

收款单位（盖章）　　收款人：宋丽　　缴款人：刘东

广宇诚信有限责任公司 财务专用章

第二联收据

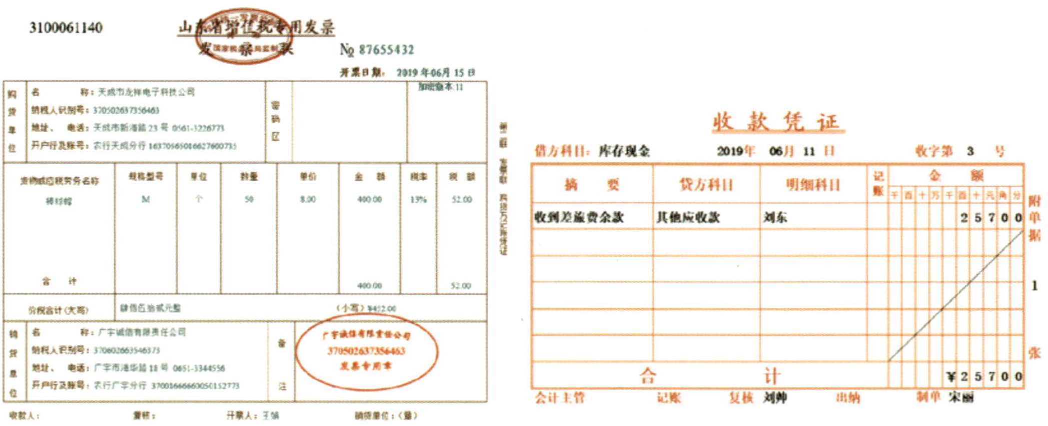

3100061140　山东省增值税专用发票　发票联　№ 87655432

开票日期：2019年06月15日

购货单位	名　　称：天成市龙祥电子科技公司 纳税人识别号：370502637356463 地址、电话：天成市新海路23号 0561-3226773 开户行及账号：农行天成分行 16370565016627600735	密码区	加密版本:11

货物或应税劳务名称	规格型号	单位	数量	单价	金额	税率	税额
铸钳钳	M	个	50	8.00	400.00	13%	52.00
合　计					400.00		52.00
价税合计（大写）	肆佰伍拾贰元整				（小写）¥452.00		

销货单位	名　　称：广宇诚信有限责任公司 纳税人识别号：370602663546373 地址、电话：广宇市港华路18号 0651-3344556 开户行及账号：农行广宇分行 37001666660050152773	备注	广宇诚信有限责任公司 370502637356463 发票专用章

收款人：　复核：　开票人：王销　销货单位：（章）

收款凭证

借方科目：库存现金　2019年06月11日　收字第 3 号

摘　要	贷方科目	明细科目	记账	金额
收到差旅费余款	其他应收款	刘东		25700
合　计				¥25700

附单据 1 张

会计主管　记账　复核 刘帅　出纳　制单 宋丽

图3-2-1

知识链接

一、原始凭证的填制要求

原始凭证又称单据，是在经济业务发生或完成时取得或填制的、用以记录或证明经济业务的发生或完成情况的文字凭据。它不仅能用来记录经济业务的发生或完成情况，还可以明确经济责任，是进行会计核算工作的原始资料和重要依据，也是会计资料中最具有法律效力的一种文件。

为了确保会计核算资料的真实、正确并及时反映，应按下列要求填制原始凭证。

1. 必须真实和准确

原始凭证中应填写的项目和内容必须真实、准确地反映经济业务的原貌。

日期、内容、数量和金额都必须如实填写，不能以估算和匡算的数字填列，更不能弄虚作假，改变事实的真相。

2. 必须完整和清楚

原始凭证中规定的项目都必须填写齐全，不能缺漏。文字说明和数字要填写清楚、整齐和规范，凭证填写的手续必须完备。

3. 书写格式要规范

原始凭证要用黑色或蓝黑色碳素笔书写，字迹清楚、规范。

需要套写的凭证，必须一次套写清楚。合计的小写金额前应加注币值符号，如“¥”等。大写金额到分的，后面不加“整”或“正”字；大写金额到角的，后面可加“整”也可不加“整”字；大写金额到元的，后面必须加“整”字。大写金额前还应加注币值单位，注明“人民币”“美元”“港币”等字样，并且币值单位与金额数字之间及各金额数字之间不得留有空隙。

各种凭证不得随意涂改、刮擦、挖补，若填写错误，应采用规定方法予以更正。对于重要的原始凭证如支票以及各种结算凭证，一律不得涂改。对于预先印有编号的各种凭证，在填写出现错误后，要加盖“作废”戳记，并妥善保管。

4. 必须有经办人员和有关责任人员的签章

原始凭证在填制完成后，经办人员和有关责任人员都要认真审核并签章，对凭证的真实性、合法性负责。

5. 必须及时填制

原始凭证应在经济业务发生或完成时及时填制，并按规定的程序和手续传递至有关业务部门和会计部门，以便及时办理后续业务，并进行审核和记账。

二、现金收入的原始凭证

办理现金收入时必须取得或填制原始凭证，一般而言，收款的原始凭证可以分为发票和收据。

（一）发票

发票是指一切单位和个人在购销商品、提供或接受服务及从事其他经营活动中所开具和收取的业务凭证，是会计核算的原始依据，也是审计机关、税务机关执法检查的重要依据。除了专业发票外，发票可以分为普通发票和增值税专用发票。

1. 普通发票

主要由增值税小规模纳税人使用，增值税一般纳税人在不能开具增值税专用发票的情况下也可使用普通发票。普通发票由行业发票（见图3-2-2）和专用发票（见图3-2-3）组成。前者适用于某个行业和经营业务，如商业零售统一发票、商业批发统一发票、工业企业产品销售统一发票等；后者仅适用于某个经营项目，如广告费用结算发票、商品房销售发票、车船票等。

（1）普通发票的格式

发票的基本内容包括：票头、字轨号码、联次及用途、客户名称、银行开户账号、商（产）品名称或经营项目、计量单位、数量、单价、金额，以及大小写金额、经手人、单位印章、开票日期等。

（2）普通发票的基本联次

第一联为存根联，开票方留存备查。

第二联为发票联，收执方作为付款或收款原始凭证。

第三联为记账联，开票方作为记账原始凭证。

（3）普通发票的开具

①在销售商品、提供服务及从事其他经营活动对外收取款项时，应向付款方开具发票。特殊情况下，由付款方向收款方开具发票。

②发票应当按照规定的时限、顺序、逐栏、全部联次一次性如实开具，并加盖单位发票专用章。

③使用计算机开具发票，须经主管税务机关批准，并使用主管税务机关统一监制的机打发票，并要求开具后的存根联按顺序号装订成册。

④发票限于领购的单位和个人在本市、县范围内使用，跨出市、县范围的，应当使用经营地的发票。

⑤所有单位和从事生产、经营的个人，在购买商品、接受服务及从事其他经营活动支付款项时，向收款方取得发票，不得要求变更品名和金额。

⑥不符合规定的发票不得作为报销凭证，任何单位和个人均有权拒收。

⑦发票应在有效期内使用，过期应当作废。

山东省商业企业发票

发票联

发票代码 123000844134

发票号码 00001265

客户名称：广宇诚信有限责任公司　2019年06月03日

品名	单位	数量	单价	金额 万	千	百	十	元	角	分
笔记本	个	100	1.50			1	5	0	0	0
签字笔	个	300	1.20			3	6	0	0	0
计算器	个	10	13.00			1	3	0	0	0
合计人民币(大写)	陆佰肆拾元整				¥	6	4	0	0	0

收购单位（盖章有效）　开票人：张 娜　销货人签字：张 宝

②收款方收执

诚信文化用品公司 37060266354637373

图3-2-2

图3-2-3

2. 增值税专用发票

增值税专用发票是由国家税务总局监制设计印制的，只限于增值税一般纳税人领购使用，既作为纳税人反映经济活动中的重要会计凭证，又是兼记销货方纳税义务和购货方进项税额的合法证明，是增值税计算和管理中重要的决定性的合法的专用发票。

增值税专用发票三联是具有复写功能的，一次开具，三联的内容一致。

第一联为记账联，是销货方的原始凭证，即作为销货方销售货物的原始凭证（见图3-2-4）。票面上的“税额”指的是“销项税额”，“金额”指的是销售货物的“不含税金额”。

第二联为发票联，作为购货方付款的原始凭证（见图3-2-5）。

第三联为抵扣联，购货方用来扣税（见图3-2-6）。

3100061140　　**山东省增值税专用发票**

此联不作报销、扣税凭证使用　　No 87653211

开票日期：2019 年 06 月 05 日

购货单位	名　　称：天成市龙祥电子科技公司 纳税人识别号：370502637356463 地址、电话：天成市新海路 23 号 0561-3226773 开户行及账号：农行天成分行 16370565016627600735	密码区	（略）　加密版本11

货物或应税劳务名称	规格型号	单位	数量	单价	金额	税率	税额
棒球帽	M	个	50	8.00	400.00	13%	52.00
合　计					400.00		52.00
价税合计(大写)	人民币肆佰伍拾贰元整				（小写）¥452.00		

销货单位	名　　称：广宇诚信有限责任公司 纳税人识别号：370602663546373 地址、电话：广宇市海华路 18 号 0651-3344556 开户行及账号：农行广宇分行 37001666660050152773	备注	广宇诚信有限责任公司 370602663546373 发票专用章

收款人：　　复核：　　开票人：刘帅　　销货单位：（章）

第一联　记账联　销货方记账凭证

现金收讫

图3-2-4

山东省增值税专用发票

发票联

（全国统一发票监制章 国家税务总局监制）

No 87653211

开票日期：2019 年 06 月 05 日

购货单位	名　　称：天成市龙祥电子科技公司 纳税人识别号：370502637356463 地址、　电话：天成市新海路 23 号 0561-3226773 开户行及账号：农行天成分行 16370565016627600735	密码区	（略）	加密版本11

货物或应税劳务名称	规格型号	单位	数量	单价	金　额	税率	税　额
棒球帽	M	个	50	8.00	400.00	13%	52.00
合　计					400.00		52.00
价税合计(大写)	人民币肆佰伍拾贰元整				（小写）￥452.00		

销货单位	名　　称：广宇诚信有限责任公司 纳税人识别号：370602663546373 地址、　电话：广宇市海华路 18 号 0651-3344556 开户行及账号：农行广宇分行 37001666660050152773	备注	广宇诚信有限责任公司 370602663546373 发票专用章

收款人：　　复核：　　开票人：刘帅　　销货单位：（章）

第二联 发票联 购货方记账凭证

图3-2-5

山东省增值税专用发票

抵扣联

（全国统一发票监制章 国家税务总局监制）

No 87653211

开票日期：2019 年 06 月 05 日

购货单位	名　　称：天成市龙祥电子科技公司 纳税人识别号：370502637356463 地址、　电话：天成市新海路 23 号 0561-3226773 开户行及账号：农行天成分行 16370565016627600735	密码区	（略）	加密版本11

货物或应税劳务名称	规格型号	单位	数量	单价	金　额	税率	税　额
棒球帽	M	个	50	8.00	400.00	13%	52.00
合　计					400.00		52.00
价税合计(大写)	人民币肆佰伍拾贰元整				（小写）￥452.00		

销货单位	名　　称：广宇诚信有限责任公司 纳税人识别号：370602663546373 地址、　电话：广宇市海华路 18 号 0651-3344556 开户行及账号：农行广宇分行 37001666660050152773	备注	广宇诚信有限责任公司 370602663546373 发票专用章

收款人：　　复核：　　开票人：刘帅　　销货单位：（章）

第三联 抵扣联 购货方扣税凭证

图3-2-6

3. 增值税专用发票的开具要求

目前我国统一采用税控防伪系统开具增值税专用发票。

（1）开票日期由税控机内部自动生成（月、日为1～9前面加0）。

（2）购货单位：填写购货单位全称、纳税人识别号、地址、电话、开户行及账号。

（3）密码区：税控机内部自动生成，每份发票密码不相同。

（4）交易事项内容：货物（劳务）名称、计量单位、数量、不含税单价、金额、税率、税额。

（5）价税合计：税控机内部自动生成（大写金额前加“人民币”）。

（6）销货单位：填写销货单位全称、纳税人识别号、地址、电话、开户行及账号。

（7）加盖销货单位的发票专用章。

（8）增值税专用发票抵扣联不作为记账凭证附件来处理，企业另行保管，按期交给税务局审验。

小组讨论　2019年6月3日广宇诚信有限责任公司从天源包装公司购入椅子50把，取得增值税专用发票（见图3-2-7）。按照增值税专用发票的开具要求，这张发票的填制是否正确？写出审核结果。

3100061140　　**山东省增值税专用发票**

全国统一发票监制章　国家税务总局监制

此联不作报销、扣税凭证使用　　№ 87653211

开票日期：2019 年 06 月 03 日

购货单位	名　　称：新华批发公司 纳税人识别号：370502637356463 地址、电话：广宇市新华路 23 号 0561-3226773 开户行及账号：农行广宇分行 16370665016627600735			密码区	（略）		加密版本:11
货物或应税劳务名称	规格型号	单位	数量	单价	金额	税率	税额
椅子	H	把	50	120.00	6000.00	13%	780.00
合　计					6000.00		780.00
价税合计(大写)	人民币陆仟柒佰捌拾圆整				（小写）¥6780.00		
销货单位	名　　称：广宇诚信有限责任公司 纳税人识别号：370602663546373 地址、电话：广宇市海华路 18 号 0651-3344556 开户行及账号：农行广宇分行 37001666660050152773			备注			

第一联 记账联 销货方记账凭证

收款人：　　复核：　　开票人：王娟　　销货单位：（章）

图3-2-7

（二）收据

收据分为非经营性收据和内部收据。

1. 非经营性收据

非经营性收据是指收费单位（国家机关、事业单位、社会团体、具有行政管理职能的企业主管部门和政府委托的其他机构）为履行政府职能，依据法律、法规和具有法律效力的行政规章的规定，在收取行政事业性收费和征收政府性基金时，向被收取单位或个人开具的收款凭证（见图3－2－8）。

山东省广宇市非税收入专用收据

2019年06月02日

户名：广宇诚信有限责任公司　　　　NO.32465099

收入项目	项目编码	数量	征收标准	金额
会计职称考务费		6	60	360.00
会计职称培训费		6	70	420.00
会计职称报名费		6	10	60.00
合计金额	人民币捌佰肆拾元整		小写：￥840.00	
备　注				

执收单位（财务专用章）　　开票人：王宁　　收款人：李子豪

图3－2－8

2. 内部收据

内部收据是单位内部的自制凭据，用于单位内部发生的业务，如收取员工押金、退还多余出差借款等，是合法的凭据（见图3－2－9）。

收　　据

2019年06月11日　　No 100702

今收到：刘东

交　来　差旅费余款

人民币（大写）贰佰伍拾柒元整　　￥257.00

现金收讫

收款单位（盖章）　　收款人：宋丽　　缴款人：刘东

第二联 收据

图3－2－9

写一写　非经营性收据与内部收据的区别是什么？

三、收据和发票的区别

（一）相同点

收据和发票都是原始凭证，它们都可以证明收支了某项款项。

（二）不同点

1. 关于收据

收据是由企业印制的，只能作为企业内部或企业之间资金往来的收付款凭证，仅仅能够证明发生的现金关系。企业之间的经济业务中，除了资金往来外，有一些由于不符合条件而不能开具发票的业务，可以开具收据入账，比如支付的合同违约金等。但有些情况下，收据是不可以入账的，所收支的款项无法列入成本、费用，要按具体情况区分对待。

2. 关于发票

发票是合法的收付款凭证，可以作为报销的凭证，凭发票所收支的款项可以列入成本、费用。顾客（客户）索要收据还是发票要根据其目的。有的人是为企业办事，需要到企业报销费用，这时必须索要发票，否则不能报销。而有的人只是为证明其收了或付了某些款项，并不想作为报销凭证，这时就可以索要收据而不索要发票。

思考与训练

【目的】练习现金收款原始凭证的填写。

1. 2019年6月3日，济南麦客隆有限公司向济南新华服饰有限公司销售毛线手套150双，单价8元，取得现金收入1200元，填写增值税专用发票（见图3-2-10）。

2. 2019年6月4日，济南麦客隆有限公司出纳员收到采购员何超交来差旅费余款189.40元，填写内部收据（见图3-2-11）。

3100061140　　**山东省增值税专用发票**（全国统一发票监制章 国家税务总局监制）

此联不作报销、扣税凭证使用　　№ 87653212

开票日期：　年　月　日

购货单位	名　称： 纳税人识别号： 地址、电话： 开户行及账号：			密码区	（略）		加密版本11
货物或应税劳务名称	规格型号	单位	数量	单价	金　额	税率	税　额
合　计							
价税合计（大写）				（小写）			
销货单位	名　称： 纳税人识别号： 地址、电话： 开户行及账号：			备注			

收款人：　　复核：　　开票人：　　销货单位：（章）

第一联　记账联　销货方记账凭证

图3-2-10

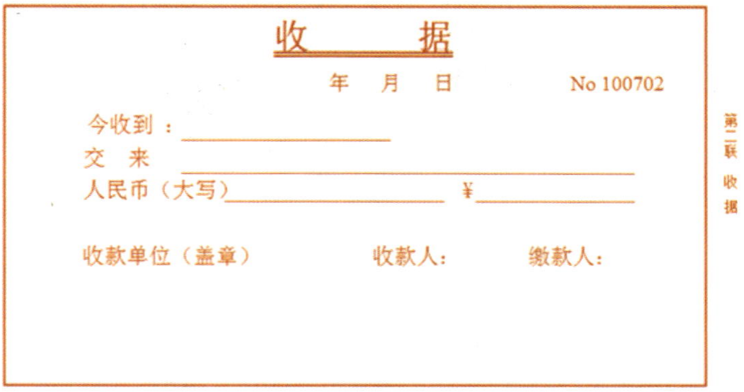
收　　据

年　月　日　　　　No 100702

今收到：____________

交　来 ______________________________

人民币（大写）____________ ¥__________

收款单位（盖章）　　　收款人：　　　缴款人：

第二联　收据

图3-2-11

活动二　销售商品收取现金业务处理

想一想　在销售商品时，什么情况下会收取现金？

知识链接

一、销售商品收取现金业务流程

按照《现金管理暂行条例》的规定，对个人或不能转账的单位的销售收入，可以直接收取现金。

出纳员根据发票或收据办理收款事宜，具体操作流程如下（见图3-2-12）：

（1）受理收款业务，检查有关原始凭证是否齐全，明确收款原因是否合理合法。

（2）根据收款凭证记录的金额当面点清、收妥现金。

（3）开具收款收据或发票，加盖“现金收讫”印章。

（4）根据收款凭证的记账联和有关原始凭证，填制记账凭证。

（5）复核人审核记账凭证。

（6）根据审核无误的记账凭证登记现金日记账，在收款凭证上库存现金栏后画“√”。

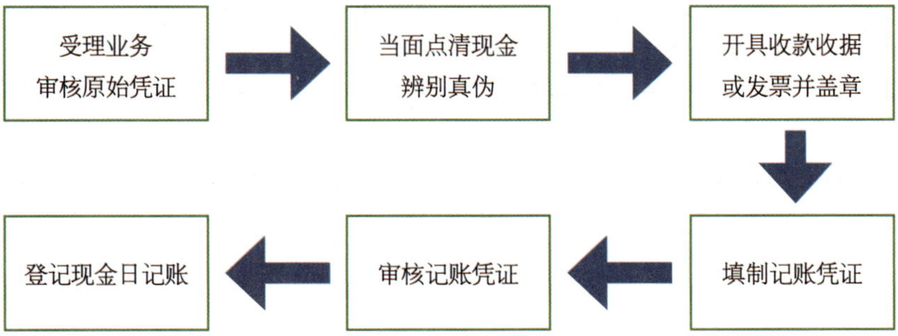

图3-2-12

做中学

2019年6月5日，广宇诚信有限责任公司向天成市龙祥电子科技公司销售棒球帽50个，取得现金收入452元。

广宇诚信有限责任公司出纳员业务处理程序如下：

（1）收取现金452元，并当面点清，验清现金真伪。

（2）根据销售内容开具销售发票，在发票上加盖“现金收讫”印章。将发票联交给付款人（见图3-2-13）。

（3）以发票的记账联作为原始凭证，编制记账凭证，并交由复核人审核签字（见图3-2-14）。

（4）根据审核无误的收款凭证登记现金日记账。

3100061140　　**山东省增值税专用发票**　（全国统一发票监制章 国家税务总局监制）

此联不作报销、扣税凭证使用　　No 87653211

开票日期：2019 年 06 月 05 日

购货单位	名　　称：天成市龙祥电子科技公司 纳税人识别号：370502637356463 地址、　电话：天成市新海路 23 号 0561-3226773 开户行及账号：农行天成分行 16370565016627600735	密码区	（略）	加密版本11

货物或应税劳务名称	规格型号	单位	数量	单价	金　额	税率	税　额
棒球帽	M	个	50	8.00	400.00	13%	52.00
合　计					400.00		52.00
价税合计(大写)	人民币肆佰伍拾贰圆整				（小写）¥452.00		

销货单位	名　　称：广宇诚信有限责任公司 纳税人识别号：370602663546373 地址、　电话：广宇市海华路 18 号 0651-3344556 开户行及账号：农行广宇分行 37001666660050152773	备注	广宇诚信有限责任公司 370602663546373 发票专用章

现金收讫

第一联　记账联　销货方记账凭证

收款人：　　复核：　　开票人：刘帅　　销货单位：（章）

图3-2-13

收款凭证

借方科目：库存现金　　2019年 06月 05日　　现 收字第 1 号

摘要	贷方科目	明细科目	记账	千	百	十	万	千	百	十	元	角	分
销售棒球帽	主营业务收入	棒球帽							4	0	0	0	0
	应交税费	应交增值税（销项税额）								5	2	0	0
合计								¥	4	5	2	0	0

附单据 1 张

会计主管：　记账：　复核：　出纳：刘帅　制单：宋丽

图3-2-14

二、登记现金日记账

1. 启用账簿

各单位在启用账簿时，首先要按规定内容逐项填写“账簿启用表”和“账簿目录表”。

（1）在“账簿启用表”（见图3-2-15）中，应写明使用者名称、账簿名称、账簿编号和启用日期。

使用者名称	广宇诚信有限责任公司				印鉴
账簿名称	现金日记账				广宇诚信有限责任公司 财务专用章
账簿编号	001				
账簿页数	本账簿共计 100 页				
启用日期	2019 年 1 月 1 日				
责任项	主管	会计	记账	审核	
	李明华	刘珐	宋丽		
经管人姓名及交接日期	经管 2019 年 1 月 1 日				
	交出 年 月 日				
	经管 年 月 日				
	交出 年 月 日				
	经管 年 月 日				
	交出 年 月 日				
	经管 年 月 日				
	交出 年 月 日				
备考					

图3-2-15

（2）在经管人一栏中写明经管人姓名、职别、接管或移交日期，由会计主管人员签名盖章，并加盖单位公章。

（3）在一本现金日记账中设置有两个以上现金账户的，应在第二页“账簿目录表”中注明各账户的名称和页码，以方便登记和查核。

2. 登记现金日记账

（1）现金日记账一般采用订本式账簿，账页主要采用“三栏式”，即“收入”（借方）、“付出”（贷方）和“结存”（余额）三栏。现金日记账格式如图3-2-16所示。

（2）根据收、付款记账凭证逐笔序时登记。

现金日记账的“年、月、日”“凭证编号”“摘要”“对方科目”等栏目根据审核无误的收、付款记账凭证登记，具体登记方法如图3-2-16所示。

登记时应注意按页次顺序连续登记，不得跳行、隔页。如果发生跳行、隔页，应当将空行、空页划线注销，或者注明“此行空白”“此页空白”字样，并由记账人员签名或者盖章。

（3）每日终了，应结出本日现金收付发生额及余额，并与实际库存现金相核对，以保证账实相符；每月终了，还应结出本月现金收付发生额及余额，并与现金总账相核对，以保证账账相符。

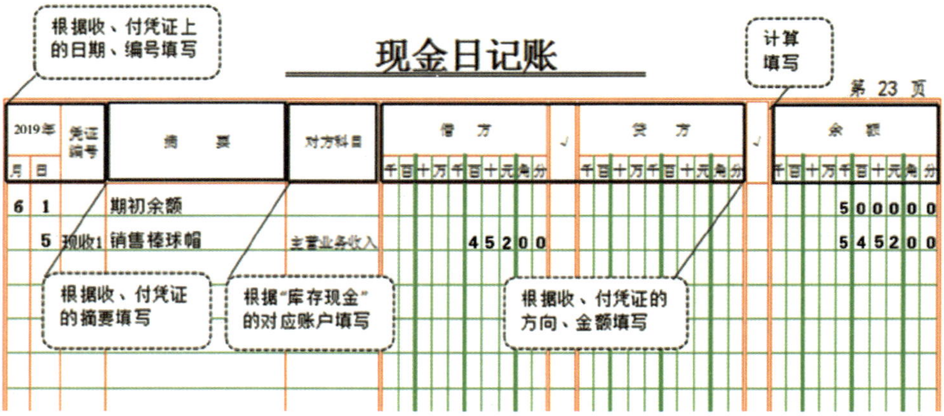

图3-2-16

思考与训练

济南麦客隆有限公司销售水杯10个，单价17元，价税合计192.10元，购货方以现金支付。作为出纳员，你应该如何进行账务处理？试着画出流程图。

活动三　其他小额现金收款业务处理

其他小额现金收款业务主要指各单位或个人收取的各种赔款、罚款，向有关单位或个人收回的押金、借款，以及向职工收回的各种代垫款项等。

想一想　请举出收到小额现金款项的实例。

小组活动　根据销售商品时收取现金的业务流程，通过小组讨论，试着画出企业收到小额现金款项时的业务流程图。

做中学

收到租金

2019年6月8日，广宇诚信有限责任公司将一个闲置收银台出租给广宇市天源包装公司，除收取押金外，月租金200元以现金结算。

广宇诚信有限责任公司出纳员业务处理程序如下：

1. 收取现金200元，当面点清，检查真伪。

2. 开具收款收据，在收据上加盖“现金收讫”印章。将收据的第二联交给付款人（见图3-2-17）。

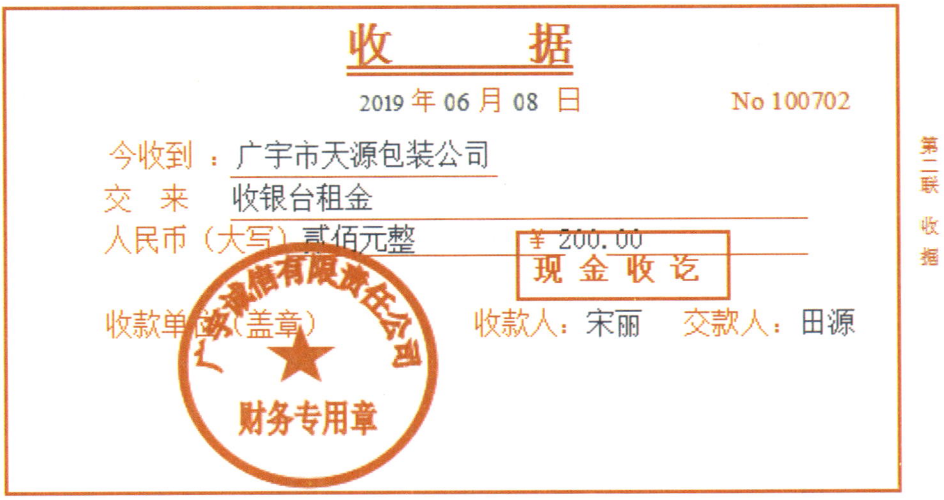

收　　据

2019 年 06 月 08 日　　No 100702

今收到：广宇市天源包装公司

交　来　收银台租金

人民币（大写）贰佰元整　¥ 200.00

现金收讫

收款单位（盖章）　收款人：宋丽　交款人：田源

广宇诚信有限责任公司 财务专用章

第二联 收据

图3-2-17

3. 以收据的第三联记账联作为原始凭证，编制记账凭证，并交由复核人审核签字（见图3-2-18）。

4. 根据审核无误的收款凭证登记现金日记账（见图3-2-19）。

收 款 凭 证

借方科目：库存现金　　　　2019年 06 月 08 日　　　　现 收字第 2 号

摘　　要	贷方科目	明细科目	记账	千	百	十	万	千	百	十	元	角	分
收到收银台租金	其他业务收入	租金							2	0	0	0	0
合　　　　计								¥	2	0	0	0	0

附单据 1 张

会计主管：　　记账：　　复核：　　出纳：刘帅　　制单：宋丽

图3-2-18

现金日记账

第 23 页

2019年 月	日	凭证编号	摘　要	对方科目	借方	√	贷方	√	余额
6	1		期初余额						500000
	5	现收1	销售棒球帽	主营业务收入	45200				545200
	8	现收2	收到收银台租金	其他业务收入	20000				565200

图3-2-19

做中学

收回差旅费余款

2019年6月11日，广宇诚信有限责任公司销售员刘东出差归来，报销差旅费1 243元，交回现金257元。

广宇诚信有限责任公司出纳员业务处理程序如下：

1. 出纳员指导出差人员填写差旅费报销单及粘贴相关凭证。由于差旅费报销的原始单据往往较多，应将报销单据阶梯式粘贴在“原始凭证粘贴单”上。粘贴的单据不要超出粘贴单和装订线，然后将差旅费报销单粘贴在已经粘贴好报销单据的粘贴单上。

2. 出差人员将差旅费报销单送审核人员审核，并经单位领导审核签字（见图3-2-20）。

差旅费报销单

部门：销售部　　　　　　　　　　2019 年 06 月 11 日

出差人	刘东			事由			销售产品					
出差时间	起止地点	火车	汽车	轮船	飞机	市内车费	住宿费	其他	住勤费			合计金额
									天数	标准	金额	
6月9日	广宇至青岛		150			143	500		3	100	300	1093
6月11日	青岛至广宇		150									150
合计			300			143	500				300	1243
报销金额	人民币（大写）：壹仟贰佰肆拾叁圆整　　¥1243.00											
原借款	¥1500.00	报销金额	¥1243.00	应退款	¥257.00	应找补						
审批意见	同意报销，交回余款。　胡泽林　2019.6.11											

会计主管：李明华　　会计：刘珏　　出纳：刘帅　　报销人：刘东

图3-2-20

3. 出纳员对差旅费报销单和原始凭证进行复核，如有错误，进行修改。

4. 出纳员收回差旅费余款，当面点清现金。

5. 出纳员开具收款收据，在收据上加盖“现金收讫”印章，将收据的第二联交给付款人（见图3-2-21）。

收　据

2019 年 06 月 11 日　　　　No 100702

今收到：刘东

交　来：差旅费余款

人民币（大写）贰佰伍拾柒元整　　¥ 257.00

现金收讫

收款单位（盖章）　　收款人：宋丽　　缴款人：刘东

广宇诚信有限责任公司 财务专用章

第二联 收据

图3-2-21

6. 出纳员将收据的第三联记账联作为原始凭证，编制记账凭证，并交由复核人审核签字（见图3-2-22和图3-2-23）。

收 款 凭 证

借方科目：库存现金　　　　2019年　06月　11　日　　　　现收字第　3　号

摘　要	贷方科目	明细科目	记账	金额									
				千	百	十	万	千	百	十	元	角	分
收到差旅费余款	其他应收款	刘东							2	5	7	0	0
合　　　计								¥	2	5	7	0	0

附单据　1　张

会计主管：　　　记账：　　　复核：　　　出纳：刘帅　　　制单：宋丽

图3-2-22

转 账 凭 证

2019年　06　月　11　日　　　　转字第　1　号

摘　要	总账科目	明细科目	记账	借方金额										记账	贷方金额									
				千	百	十	万	千	百	十	元	角	分		千	百	十	万	千	百	十	元	角	分
报销差旅费	管理费用	差旅费						1	2	4	3	0	0											
	其他应收款	刘东																	1	2	4	3	0	0
合　　　计							¥	1	2	4	3	0	0					¥	1	2	4	3	0	0

附单据　1　张

会计主管：　　　记账：　　　复核：　　　出纳：刘帅　　　制单：宋丽

图3-2-23

想一想

此笔业务如果编制一张记账凭证，该如何进行账务处理？

7. 出纳员根据审核无误的记账凭证登记现金日记账（见图3-2-24）。

现金日记账

第 23 页

2019年 月	日	凭证编号	摘要	对方科目	借方	√	贷方	√	余额
6	1		期初余额						500000
	5	现收1	销售棒球帽	主营业务收入	45200				545200
	8	现收2	收到收银台租金	其他业务收入	20000				565200
	11	现收3	收到差旅费余款	其他应收款	25700				590900

图3-2-24

任务三　处理现金支付业务

任务目标

知识目标： 描述现金支付业务的处理程序。

能力目标： 能够根据现金支付业务填制和审核原始凭证；能够根据填制和审核完成的原始凭证填制记账凭证；能够根据记账凭证登记现金日记账；熟练运用点钞、盖章、附件处理技能。

素养目标： 培养逻辑思维能力，养成规范的操作习惯和严谨、细致的工作作风。

知识结构图

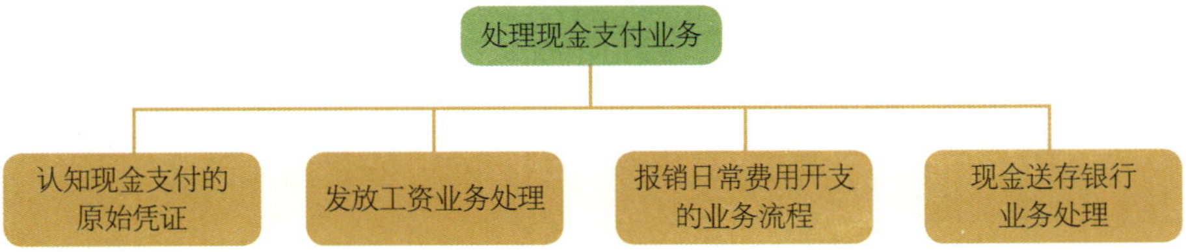

活动一　认知现金支付的原始凭证

认一认　下列原始凭证（见图3-3-1）你认识几个？试着写出它们的名称。

中国农业银行 现金存款单（回单）2

2019年06月30日

存款人	全　称	广宇诚信有限责任公司											款项来源	超额库存现金
	账　户	37001666660050152773												
	开户银行	中国农业银行广宇分行											亿 千 百 十 万 千 百 十 元 角 分	
金额大写	人民币叁仟伍佰元整												¥ 3 5 0 0 0 0	
票面	张数	亿	千	百	十	万	千	百	十	元	角	分	收款银行盖章	
100元	10						1	0	0	0	0	0	中国农业银行 广宇分行 2019.06.30 收讫	
50元	20						1	0	0	0	0	0		
20元	35							7	0	0	0	0		
10元	75							7	5	0	0	0		
5元	10								5	0	0	0		
1元	0													
5角	0													
1角	0												经办　复核	

差 旅 费 报 销 单

部门：　　　　年　月　日

出差人				事 由									
出差时间	起止地点	火车	汽车	轮船	飞机	市内车费	住宿费	其他	住勤费			合计金额
									天数	标准	金额	
合 计												
报销金额	人民币（大写）：						¥					
原借款		报销金额			应退款			应找补				
审批意见												

会计主管：　　会计：　　出纳：　　报销人：

费 用 报 销 单

2019年06月15日

报销部门	办公室	报销人	林静如		
报销项目	附凭证张数	支出金额	核销金额	备注	
办公用品	1	740.00	740.00		
现金付讫				领导审批	同意报销。胡泽林 2019.6.15
核销金额合计	人民币(大写)：柒佰肆拾元整		小写：¥740.00		

会计主管：李明华　核销：刘帅　出纳：宋丽

工资结算表

2019年06月12日

部门	姓名	应付工资					代扣款项						实发金额	签字
		标准工资	加班工资	奖金	津贴	合计	养老保险	公积金	医疗保险	失业保险	所得税	合计		
管理部	胡泽林	4200		1750	1690	7640	611	764	153	76	31.08	1635.08	6004.92	
管理部	林静如	3450	360	1475	1375	6660	520	650	130	65	8.85	1373.85	5286.15	
财务部	李明华	3450	320	1200	1375	6345	520	650	130	65		1365	4980	
财务部	刘珏	3000	320	850	1250	5420	462	365	35	48		960	4460	
财务部	宋丽	2500	320	850	946	4616	432	321	77	45		875	3741	
销售部	李丽	3000	480	1600	1050	6130	503	485	110	57		1155	4975	
销售部	张春明	2000	550	1300	950	4800	462	249	52	48		821	3979	
销售部	王远祥	2000	480	1000	950	4430	365	220	60	45		690	3740	
销售部	刘东	2000	480	1450	950	4880	365	220	60	45		690	4190	
销售部	宋佳	2000	300	850	950	4100	365	220	60	45		690	3410	
采购部	王鑫	2500		1050	946	4496	462	249	77	45		833	3663	
采购部	李鑫	2500		1050		3550	462	249	77	45		833	2717	
合计		32600	3610	14425	12432	63067	5529	4642	1381	629	39.93	11920.93	51146.07	

会计主管：李明华　制单：宋丽　审核：刘珏

图3-3-1

知识链接

一、现金支付的原始凭证

办理现金支付时必须取得或填制原始凭证，可以分为以下几种。

1．工资结算表

工资结算表（见图3-3-2）又称工资表，是按车间、部门编制的，每月1张。在工资结算表中，要根据工资卡、考勤记录、产量记录及代扣款项等资料按人名填列“应付工资”“代扣款项”“实发金额”三大部分。

工资结算表一般应一式三份。一份由劳动工资部门存查；一份裁成“工资条”，连同工资一起发给职工；一份在发放工资时由职工签章后交财会部门作为工资核算的凭证，并用以代替工资的明细核算。

工资结算表

2019年06月12日

部门	姓名	应付工资					代扣款项						实发金额	签字
		标准工资	加班工资	奖金	津贴	合计	养老保险	公积金	医疗保险	失业保险	所得税	合计		
管理部	胡泽林	4200		1750	1690	7640	611	764	153	76	31.08	1635.08	6004.92	
管理部	林静如	3450	360	1475	1375	6660	520	650	130	65	8.85	1373.85	5286.15	
财务部	李明华	3450	320	1200	1375	6345	520	650	130	65		1365	4980	
财务部	刘珏	3000	320	850	1250	5420	462	365	85	48		960	4460	
财务部	宋丽	2500	320	850	946	4616	432	321	77	45		875	3741	
销售部	李丽	3000	480	1600	1050	6130	503	485	110	57		1155	4975	
销售部	张春明	2000	550	1300	950	4800	462	249	62	48		821	3979	
销售部	王远洋	2000	480	1000	950	4430	365	220	60	45		690	3740	
销售部	刘东	2000	480	1450	950	4880	365	220	60	45		690	4190	
销售部	宋佳	2000	300	850	950	4100	365	220	60	45		690	3410	
采购部	王鑫	2500		1050	946	4496	462	249	77	45		833	3663	
采购部	李磊	2500		1050		3550	462	249	77	45		833	2717	
合计		32600	3610	14425	12432	63067	5529	4642	1081	629	39.93	11920.93	51146.07	

会计主管：李明华　　制单：宋丽　　审核：刘珏

图3-3-2

2. 费用报销单

费用报销单（见图3-3-3）是单位内部有关人员为单位购买零星物品，接受单位或个人劳务、服务而办理报销业务，以及报销医药费、托补费等所使用的单据。可以将费用报销单设计成专门的报销单，也可以设计成统一的报销单。

费用报销单

2019年06月15日

报销部门	办公室	报销人	林静如		
报销项目	附凭证张数	支出金额	核销金额	备注	
办公用品	1	740.00	740.00		
现金付讫				领导审批	同意报销。 胡泽林 2019.6.15
核销金额合计	人民币(大写)：柒佰肆拾元整		小写：¥740.00		

会计主管：李明华　　核销：刘帅　　出纳：宋丽

图3-3-3

3. 资金使用审批单

见图3-3-4。

资 金 使 用 审 批 单

2019年 06 月 20 日

部 门	销售部	借款人	刘东
事 由	购买办公用品		
金 额	人民币（大写）捌佰伍拾元整		
预计还款报销日期	2019. 6. 21		
审 批 意 见	同意。 胡泽林 2019. 6. 20	借款人签 名	刘东

会计主管：李明华　　出纳：刘帅

图3-3-4

4. 差旅费报销单、借款单

差旅费报销单（见图3-3-5）是单位内部职工因公出差返回单位报销差旅费时填制的报销凭证。它是单联式的，由报销人员根据车船票、住宿发票等归类填写，然后交给出纳作为现金补退的依据。

差 旅 费 报 销 单

部门：销售部　　2019年 6 月 11 日

出差人	刘东			事 由			销售产品					
出差时间	起止地点	火车	汽车	轮船	飞机	市内车费	住宿费	其他	住勤费			合计金额
									天数	标准	金额	
6月9日	广宇至青岛		150			143	500		3	100	300	1093
6月11日	青岛至广宇		150									150
合 计			300			120	500				300	1243
报销金额	人民币（大写）：壹仟贰佰肆拾叁元整　¥1243.00											
原借款	¥1500.00	报销金额	¥1243.00		应退款	¥257.00		应找补				
审批意见	同意报销，交回余款。胡泽林 2019.6.11											

会计主管：李明华　　会计：刘 珏　　出纳：刘 帅　　报销人：刘东

图3-3-5

差旅费借款单（见图3–3–6）是单位内部职工因出差向出纳借款时使用的凭证。

差旅费借款单

2019 年 06 月 20 日

部门	采购部		借款人	李磊	
借款原因	出差南京				
借款金额	人民币(大写)：伍仟元整			¥5000.00	
批准人	胡泽林	财务审核	李明华	部门领导	刘强

借款单存根

2019 年 06 月 20 日

借款人 李磊

金　额 ¥5000.00

出　纳 宋丽

本存根于结账后归还

借款者

图3–3–6

思考与训练

【目的】练习现金付款原始凭证的填写。

1. 2019年6月10日，济南麦客隆有限公司销售员韩梅梅出差，预借差旅费6 000元，填写差旅费借款单（见图3–3–7）。

差旅费借款单

年　月　日

部门			借款人		
借款原因					
借款金额	人民币(大写)：			¥	
批准人		财务审核		部门领导	

借款单存根

年　月　日

借款人__________

金　额__________

出　纳__________

本存根于结账后归还

借款者

图3–3–7

2. 2019年6月15日，济南麦客隆有限公司办公室李林采购传真纸，预借现金200元，预计6月16日归还，填写资金使用审批单（见图3–3–8）。

资金使用审批单

年　月　日

部　门		借款人	
事　由			
金　额	人民币（大写）		
预计还款报销日期			
审批意见		借款人签名	

会计主管：　　　　　　　　出纳：

图3–3–8

活动二　发放工资业务处理

想一想　假如你是广宇诚信有限责任公司的一名出纳员，单位市场部员工孙俪前来领取工资，你将现金当面点清给她之后，又将市场部其他员工的现金一起清点给孙俪请她代为发放，这样的处理流程对吗？如果不对，问题在哪里？

知识链接

一、工资的内容

工资是员工的薪资，是固定工作关系里员工所得的薪酬，是雇主或法定用人单位依据法律规定或行业规定，或者根据与员工之间的约定，以货币形式对员工的劳动所支付的报酬，是劳务报酬（劳酬）的一种主要形式。

工资可以以时薪、月薪、年薪等不同形式计算。在我国，由用人单位承担或者支付给员工的下列费用不属于工资：社会保险费、劳动保护费、福利费、解除劳动关系时支付的一次性补偿费、计划生育费用及其他不属于工资的费用。在政治经济学中，工资本质上是劳动力的价值或价格，是生产成本的重要部分。

工资总额一般由下列六个部分组成：计时工资、计件工资、奖金、津贴和补贴、加班加点工资、特殊情况下支付的工资。

（1）计时工资是指按计时工资标准（包括地区生活费补贴）和工作时间支付给个人的劳动报酬。包括：对已做工作按计时工资标准支付的工资；实行结构工资制的单位支付给职工的基础工资和职务（岗位）工资；新参加工作职工的见习工资（学徒的生活费）；运动员体育津贴。

（2）计件工资是指对已做工作按计件单价支付的劳动报酬。包括：实行超额累进计件、直接无限计件、限额计件、超定额计件等工资制，按劳动部门或主管部门批准的定额和计件单价支付给个人的工资；按工作任务包干方法支付给个人的工资；按营业额提成或利润提成办法支付给个人的工资。

（3）奖金是指支付给职工的超额劳动报酬和增收节支的劳动报酬。包括：生产奖；节约奖；劳动竞赛奖；机关、事业单位的奖励工资；其他奖金。

（4）津贴包括补偿职工特殊或额外的劳动消耗的津贴、保健性津贴、技术性津贴及其他津贴，补贴包括为了保证职工工资水平不受物价上涨影响而支付的各种补贴。

（5）加班加点工资是指按规定支付的加班工资和加点工资。

（6）特殊情况下支付的工资包括：根据国家法律、法规和政策规定，因病、工伤、产假、计划生育假、婚丧假、事假、探亲假、定期休假、停工学习、执行国家或社会义务等原因，按计时工资标准或计时工资标准的一定比例支付的工资；附加工资；保留工资。

二、工资发放的业务流程

工资发放的业务流程具体如下：

（1）根据有关资料编制付款原始凭证如工资结算表，计算出付款金额。如果库存现金不足，应立即从银行提取。

（2）根据付款金额清点现金，按部门或个人分别装袋。

（3）发放现金，如果是直接发放给收款人，应当面点清并由收款人签收；如果是他人代为收款，由代收人签收。

（4）根据付款单等原始凭证编制记账凭证。

（5）根据审核无误的记账凭证登记现金日记账。

工资发放的业务流程如图3-3-9所示。

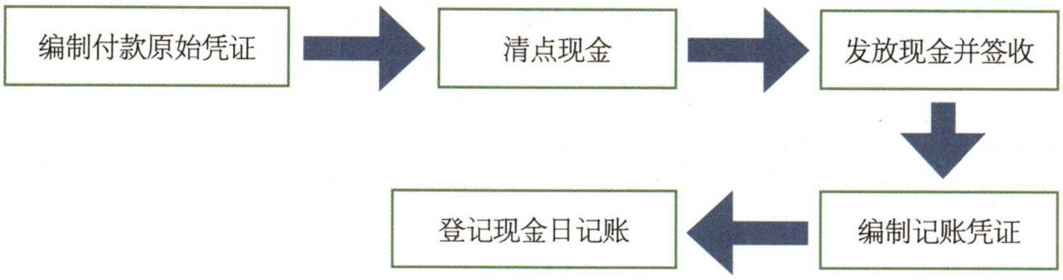

图3-3-9

做中学

2019年6月12日，广宇诚信有限责任公司用现金发放工资，出纳员业务处理程序如下：

1. 根据有关资料编制工资结算表（见图3-3-10），并计算出实发金额。如果库存现金不足，应立即从银行提取。

工资结算表

2019年06月12日

部门	姓名	应付工资					代扣款项						实发金额	签字
		标准工资	加班工资	奖金	津贴	合计	养老保险	公积金	医疗保险	失业保险	所得税	合计		
管理部	胡泽林	4200		1750	1690	7640	611	764	153	76	31.08	1635.08	6004.92	
管理部	林静如	3450	360	1475	1375	6660	520	650	130	65	8.85	1373.85	5286.15	
财务部	李明华	3450	320	1200	1375	6345	520	650	130	65		1365	4980	
财务部	刘珏	3000	320	850	1250	5420	462	365	85	48		960	4460	
财务部	宋丽	2500	320	850	946	4616	432	321	77	45		875	3741	
销售部	李丽	3000	480	1600	1050	6130	503	485	110	57		1155	4975	
销售部	张春明	2000	550	1300	950	4800	462	249	62	48		821	3979	
销售部	王远洋	2000	480	1000	950	4430	365	220	60	45		690	3740	
销售部	刘东	2000	480	1450	950	4880	365	220	60	45		690	4190	
销售部	宋佳	2000	300	850	950	4100	365	220	60	45		690	3410	
采购部	王鑫	2500		1050	946	4496	462	249	77	45		833	3663	
采购部	李磊	2500		1050		3550	462	249	77	45		833	2717	
合计		32600	3610	14425	12432	63067	5529	4642	1081	629	39.93	11920.93	51146.07	

会计主管：李明华　　制单：宋丽　　审核：刘珏

图3-3-10

2. 根据付款金额清点现金，按个人分别装袋。

3. 发放现金，如果是直接发放给收款人，应当面点清并由收款人签收；如果是他人代为收款，由代收人签收（见图3-3-11）。

工资结算表

2019年06月12日

部门	姓名	应付工资					代扣款项						实发金额	签字
		标准工资	加班工资	奖金	津贴	合计	养老保险	公积金	医疗保险	失业保险	所得税	合计		
管理部	胡泽林	4200		1750	1690	7640	611	764	153	76	31.08	1635.08	6004.92	胡泽林
管理部	林静如	3450	360	1475	1375	6660	520	650	130	65	8.85	1373.85	5286.15	林静如
财务部	李明华	3450	320	1200	1375	6345	520	650	130	65		1365	4980	李明华
财务部	刘珏	3000	320	850	1250	5420	462	365	85	48		960	4460	宋丽
财务部	宋丽	2500	320	850	946	4616	432	321	77	45		875	3741	宋丽
销售部	李丽	3000	480	1600	1050	6130	503	485	110	57		1155	4975	李丽
销售部	张春明	2000	550	1300	950	4800	462	249	62	48		821	3979	张春明
销售部	王远洋	2000	480	1000	950	4430	365	220	60	45		690	3740	王远洋
销售部	刘东	2000	480	1450	950	4880	365	220	60	45		690	4190	刘东
销售部	宋佳	2000	300	850	950	4100	365	220	60	45		690	3410	宋佳
采购部	王鑫	2500		1050	946	4496	462	249	77	45		833	3663	王鑫
采购部	李磊	2500		1050		3550	462	249	77	45		833	2717	李磊
合计		32600	3610	14425	12432	63067	5529	4642	1081	629	39.93	11920.93	51146.07	

会计主管：李明华　　　　制单：宋丽　　　　审核：刘珏

图3-3-11

4. 根据审核的工资结算表编制记账凭证（见图3-3-12）。

付 款 凭 证

贷方科目：库存现金　　　　2019年　06月　12　日　　　　现　付字第　1　号

摘　要	借方科目	明细科目	记账	千	百	十	万	千	百	十	元	角	分
发放工资	应付职工薪酬	工资					5	1	1	4	6	0	7
合　　计						¥	5	1	1	4	6	0	7

附单据　1　张

会计主管：　　记账：　　复核：　　出纳：　　制单：刘帅

图3-3-12

5. 根据审核无误的记账凭证登记现金日记账（见图3-3-13）。

现金日记账

第 23 页

2019年 月	日	凭证编号	摘要	对方科目	借方（千百十万千百十元角分）	√	贷方（千百十万千百十元角分）	√	余额（千百十万千百十元角分）
6	1		期初余额						500000
	5	现收1	销售棒球帽	主营业务收入	45200				545200
	8	现收2	收到收银台租金	其他业务收入	20000				565200
	11	现收3	收到差旅费余款	其他应收款	25700				590900
	12	银付1	提现备用	银行存款	5114607				
		现付1	发放工资	应付职工薪酬			5114607		590900

图3-3-13

思考与训练

从银行提取现金发放工资时，出纳员应先根据工资结算表对需要提取现金的面额进行统计，然后再到银行根据面额提取现金，想一想这样做的理由。

活动三　报销日常费用开支的业务流程

想一想　单位进行日常经营活动时，会产生哪些费用开支？

知识链接

报销日常费用开支的业务流程

日常费用开支主要包括差旅费、电话费、交通费、办公费、低值易耗品购置费、业务招待费、培训费等。办理日常费用开支报销业务时，收款单位或个人持有关凭据如报销单、借款单、发票等到出纳部门领报现金，出纳员处理程序如下（见图3-3-14）：

（1）受理付款业务，查看付款凭证如报销单、借款单、其他单位或个人的收款收据等。

（2）审核付款原始凭证，在审核无误的付款原始凭证上加盖“现金付讫”印章。如果金额较大，可以签发现金支票。

（3）支付现金并进行复点，并要求收款人当面点清，或者交付现金支票。

（4）根据原始凭证编制记账凭证。

（5）根据审核无误的记账凭证登记现金日记账。

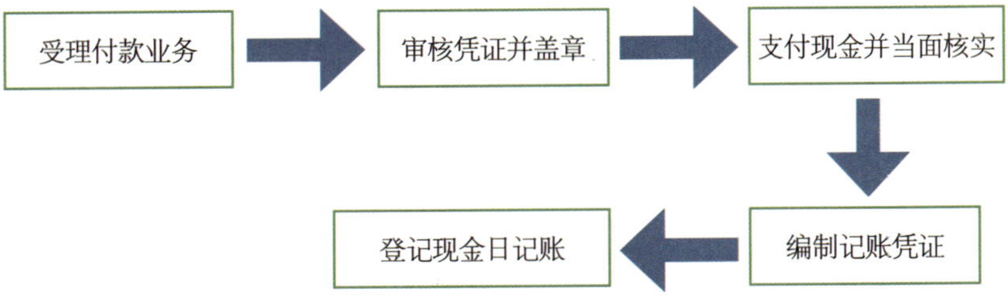

图3-3-14

做中学

报销办公用品费

2019年6月15日，广宇诚信有限责任公司办公室林静如持购货发票报销办公用品费用740元，出纳员业务处理程序如下：

1．受理付款业务，指导购买人填写费用报销单，查看报销凭证购货发票，并将发票粘贴到费用报销单上，费用报销单需经审核人员和单位领导审核签名（见图3-3-15）。

费 用 报 销 单

2019年06月15日

报销部门	办公室	报销人	林静如		
报销项目	附凭证张数	支出金额	核销金额	备注	
办公用品	1	740.00	740.00		
				领导审批	同意报销。 胡泽林 2019.6.15
核销金额合计	人民币(大写)：柒佰肆拾元整		小写：¥740.00		

会计主管：李明华　　核销：刘帅　　出纳：宋圆

图3-3-15

2. 对填写的费用报销单和发票进行复核，在审核无误的费用报销单上加盖“现金付讫”印章（见图3-3-16）。

费 用 报 销 单

2019年06月15日

报销部门	办公室	报销人	林静如		
报销项目	附凭证张数	支出金额	核销金额	备注	
办公用品	1	740.00	740.00		
				领导审批	同意报销。 胡泽林 2019.6.15
	现金付讫				
核销金额合计	人民币：柒佰肆拾元整		小写：¥740.00		

会计主管：李明华　　核销：刘 帅　　出纳：宋 丽

图3-3-16

3. 支付现金并进行复点，并要求收款人当面点清。

4. 根据费用报销单和发票编制记账凭证（见图3-3-17）。

付 款 凭 证

贷方科目：库存现金　　2019 年 06月 15 日　　现付字第 2 号

摘要	借方科目	明细科目	记账	千	百	十	万	千	百	十	元	角	分
报销办公费	管理费用	办公费							7	4	0	0	0
合计								¥	7	4	0	0	0

附单据 2 张

会计主管：　记账：　复核：　出纳：　制单：刘帅

图3-3-17

5. 根据审核无误的记账凭证登记现金日记账（见图3-3-18）。

现金日记账

第 23 页

2019年		凭证编号	摘要	对方科目	借方										√	贷方										√	余额									
月	日				千	百	十	万	千	百	十	元	角	分		千	百	十	万	千	百	十	元	角	分		千	百	十	万	千	百	十	元	角	分
6	1		期初余额																												5	0	0	0	0	0
	5	现收1	销售棒球帽	主营业务收入						4	5	2	0	0																	5	4	5	2	0	0
	8	现收2	收到收银台租金	其他业务收入						2	0	0	0	0																	5	6	5	2	0	0
	11	现收3	收到差旅费余款	其他应收款						2	5	7	0	0																	5	9	0	9	0	0
	12	银付1	提现备用	银行存款				5	1	1	4	6	0	7																						
	12	现付1	发放工资	应付职工薪酬															5	1	1	4	6	0	7						5	9	0	9	0	0
	15	现付2	报销办公费	管理费用																	7	4	0	0	0						5	1	6	9	0	0

图3-3-18

做中学

预借及报销差旅费

一、预借差旅费

2019年6月20日，广宇诚信有限责任公司采购部李磊外出采购，预借差旅费5 000元，用现金支付，出纳员业务处理流程如下：

1. 受理付款业务，查看差旅费借款单内容是否完整、审批手续是否完备（见图3-3-19）。

差旅费借款单

2019 年 06 月 20 日

部门	采购部		借款人	李磊	
借款原因	出差昆明				
借款金额	人民币(大写)：伍仟元整 ￥5000.00				
批准人	胡泽林	财务审核	李明华	部门领导	刘强

借款单存根

2019 年 06 月 20 日

借款人 李磊

金　额 ￥5000.00

出　纳 宋丽

本存根于结账后归还

借款者

图3-3-19

2. 根据差旅费借款单支付现金，并在差旅费借款单上加盖“现金付讫”印章。

3. 根据原始凭证编制记账凭证（见图3-3-20）。

付款凭证

贷方科目：库存现金　　2019 年　06月 20 日　　现付字第 3 号

摘　　要	借方科目	明细科目	记账	金　　额
预借差旅费	其他应收款	李磊		500000
合　　计				¥500000

附单据 1 张

会计主管：　　记账：　　复核：　　出纳：　　制单：刘帅

图3-3-20

4. 根据审核无误的记账凭证登记现金日记账（见图3-3-21）。

现金日记账

第 23 页

2019年 月	日	凭证编号	摘　　要	对方科目	借　方	√	贷　方	√	余　额
6	1		期初余额						500000
	5	现收1	销售棒球帽	主营业务收入	45200				545200
	8	现收2	收到收银台租金	其他业务收入	20000				565200
	11	现收3	收到差旅费余款	其他应收款	25700				590900
	12	银付1	提现备用	银行存款	5114607				
	12	现付1	发放工资	应付职工薪酬			5114607		590900
	15	现付2	报销办公费	管理费用			74000		516900
	20	现付3	预借差旅费	其他应收款			500000		16900

图3-3-21

二、报销差旅费，补足余款

2019年6月23日，广宇诚信有限责任公司采购部李磊出差归来，报销差旅费5 060元，不足部分用现金支付，出纳员业务处理流程如下：

1. 出纳员指导出差人员填写差旅费报销单及粘贴相关凭证，将报销单据阶梯式粘贴在“原始凭证粘贴单”上，然后将差旅费报销单粘贴在已经粘贴好报销单据的粘贴单上（见图3-3-22）。

| 原始凭证粘贴处。按不同单据分类归纳，整齐有序。 | |

原始凭证粘贴单

年　月　日

填制单位：

用途		
		附件
金额		张
单位主管		
验收或证明人		
经办或领款人		

图3-3-22

2. 出差人员将差旅费报销单送审核人员审核，并经单位领导审核签字（见图3-3-23）。

差旅费报销单

部门：采购部　　2019年　06　月　23　日

出差人	李磊			事由		订货会						
出差时间	起止地点	火车	汽车	轮船	飞机	市内车费	住宿费	其他	住勤费			合计金额
									天数	标准	金额	
6月20日	广宇至昆明				1200	120	1600		3	200	600	3520
6月23日	昆明至广宇				1200	140		200				1540
合计					2400	260	1600	200			600	5060
报销金额	人民币（大写）：伍仟零陆拾元整 ¥5060.00											
原借款	¥5000.00	报销金额	¥5060.00	应退款		应找补	¥60.00					
审批意见	同意报销。　胡泽林　2019.6.23											

会计主管：李明华　　会计：刘　珏　　出纳：刘　帅　　报销人：李磊

图3-3-23

3. 出纳员对差旅费报销单和原始凭证进行复核，如有错误，进行修改。

4. 出纳员支付差旅费余款，当面点清现金，要求收款人清点确认。

5. 出纳员开具付款凭证，在凭证上加盖“现金付讫”印章（见图3-3-24）。

广宇诚信有限责任公司支付证明单

日期　2019年06月23日

部门	姓名	事由	金额										
			亿	千	百	十	万	千	百	十	元	角	分
采购部	李磊	补足差旅费余款								6	0	0	0
合计金额									¥	6	0	0	0

现金付讫

会计主管：李明华　　审核人：刘帅　　收款人：李磊

图3-3-24

6．出纳员根据差旅费报销单、发票等支付单证编制记账凭证（见图3-3-25和图3-3-26）。

付款凭证

贷方科目：库存现金　　2019年 06 月 23 日　　现付字第 4 号

摘要	借方科目	明细科目	记账	金额									
				千	百	十	万	千	百	十	元	角	分
补足差旅费	管理费用	差旅费								6	0	0	0
合计										¥6	0	0	0

附单据 6 张

会计主管：　　记账：　　复核：　　出纳：刘帅　　制单：宋丽

图3-3-25

转账凭证

2019年 06 月 23 日　　转字第 2 号

摘要	总账科目	明细科目	记账	借方金额										记账	贷方金额									
				千	百	十	万	千	百	十	元	角	分		千	百	十	万	千	百	十	元	角	分
报销差旅费	管理费用	差旅费						5	0	0	0	0	0											
	其他应收款	李磊																	5	0	0	0	0	0
合计							¥	5	0	0	0	0	0					¥	5	0	0	0	0	0

会计主管：　　记账：　　复核：　　出纳：刘帅　　制单：宋丽

图3-3-26

想一想

此笔业务如果编制一张记账凭证，该如何进行账务处理？

7. 出纳员根据审核无误的记账凭证登记现金日记账（见图3-3-27）。

现金日记账

第 23 页

2019年 月	日	凭证编号	摘要	对方科目	借方	√	贷方	√	余额
6	1		期初余额						500000
	5	现收1	销售棒球帽	主营业务收入	45200				545200
	8	现收2	收到收银台租金	其他业务收入	20000				565200
	11	现收3	收到差旅费余款	其他应收款	25700				590900
	12	银付1	提现备用	银行存款	5114607				
	12	现付1	发放工资	应付职工薪酬			5114607		590900
	15	现付2	报销办公费	管理费用			74000		516900
	20	现付3	预借差旅费	其他应收款			500000		16900
	23	现付4	补足差旅费余款	管理费用			6000		10900

图3-3-27

活动四　现金送存银行业务处理

知识链接

送存现金业务流程

按规定，各单位对当日收取的现金或超过库存现金限额的现金应及时送存开户银行。向银行送存现金的一般程序如下（见图3-3-28）：

（1）清点存款数额。必须按照货币票面分别清点，按照每100张进行整理。

（2）填写现金存款单（解款单）。现金存款单一式三联，一联回单，银行确认收款后盖章，退回存款单位作为原始凭证，另两联由银行留存。

（3）向银行送交已整理好的现金和现金存款单。

（4）根据现金存款单回单联编制记账凭证。

（5）根据审核无误的记账凭证登记现金日记账。

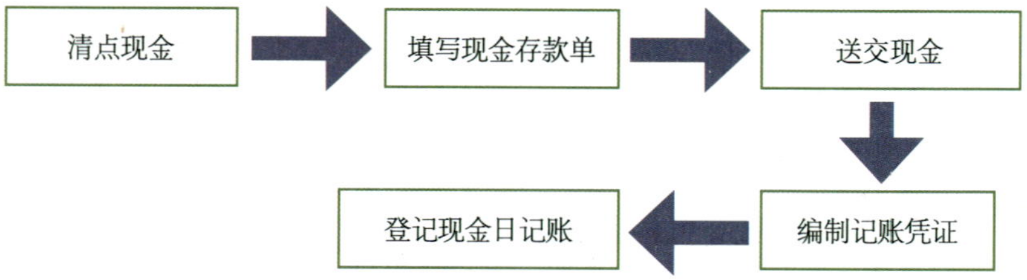

图3-3-28

做中学

2019年6月30日，广宇诚信有限责任公司出纳员将超额的库存现金送存银行，业务处理程序如下：

1. 清点存款数额。
2. 填写现金存款单（见图3-3-29）。

中国农业银行 现金存款单（回单）2

2019 年 06 月 30 日

存款人	全　称	广宇诚信有限责任公司	款项来源				超额库存现金								
	账　户	37001666660050152773													
	开户银行	中国农业银行广宇分行	亿	千	百	十	万	千	百	十	元	角	分		
金额大写	人民币叁仟伍佰元整						¥	3	5	0	0	0	0		

票面	张数	亿	千	百	十	万	千	百	十	元	角	分	收款银行盖章
100元	10						1	0	0	0	0	0	中国农业银行 广宇分行 2019.06.30 收讫
50元	20						1	0	0	0	0	0	
20元	35							7	0	0	0	0	
10元	75							7	5	0	0	0	
5元	10								5	0	0	0	
1元	0												
5角	0												
1角	0												经办　复核

图3-3-29

3. 向银行送交已整理好的现金和现金存款单。
4. 根据现金存款单回单联编制记账凭证（见图3-3-30）。

付 款 凭 证

贷方科目：库存现金　　2019年 06 月 30 日　　现付字第 6 号

摘　要	借方科目	明细科目	记账	千	百	十	万	千	百	十	元	角	分
存现	银行存款	农行广宇分行						3	5	0	0	0	0
合　计							¥	3	5	0	0	0	0

附单据 1 张

会计主管：　记账：　复核：　出纳：　制单：宋丽

图3-3-30

小提示

向银行送存现金只能编制现金付款凭证，不能编制银行存款收款凭证。

5. 根据审核无误的记账凭证登记现金日记账（见图3-3-31）。

现金日记账

第 24 页

2019年 月	日	凭证编号	摘要	对方科目	借方	√	贷方	√	余额
6	30		承前页		6785200		5985200		800000
6	30	现付6	向银行送存现金	银行存款			350000		450000

图3-3-31

任务四 现金的保管与清查

任务目标

知识目标：理解现金保管的要求；掌握现金的清查方法、步骤及清查结果处理方法。

能力目标：能够按要求保管库存现金；能够完成现金清查核算工作。

素养目标：培养严谨细致的工作作风，养成理财有道、诚实做人的品质。

知识结构图

活动一　现金的保管

想一想　假如你是广宇诚信有限责任公司的出纳员，某日临下班前收到销售部交来的现金2 000元，你顺手将这2 000元现金放在办公桌的抽屉内。这种做法对吗？为什么？

知识链接

一、库存现金的保管

现金的保管，主要是指对每日收取的现金和库存现金的保管。现金保管的责任人是出纳员及其所属单位的兼职出纳员。出纳员在库存现金的保管工作中应养成良好的工作习惯，注意保险柜的安全防范，保证库存现金的安全完整：

（1）超过库存现金限额的现金应在下班前送存银行。

（2）为加强对现金的管理，除工作时间需要的少量备用金可放在出纳员的办公桌的抽屉内外，其余现金应放入出纳专用的保险柜内，不得随意存放。

（3）限额内的库存现金当日核对清楚后，一律放在保险柜内，不得放在办公桌的抽屉内过夜。

（4）库存现金的纸币和铸币，应实行分类保管，出纳员应对库存现金分别按照纸币的票面金额和铸币的币面金额，以及整数（大数）和零数（小数）分类保管。

想一想　假如会计主管将空白收据及相关印章（财务专用章、发票专用章等）交给你保管，你该怎么做？

二、空白收据的保管

空白收据是指未填制的收据。空白收据一经填制并加盖有关印章，即可成为办理转账结算和现金支付的一种书面证明，直接关系到资金结算的准确、及时和安全，因此必须按规定加以保管和使用。要建立"空白收据登记簿"，填写领用日期、单位、起讫号码，并由领用人签字。收据用完后，要及时归还、核销。使用者不得将收据带出工作单位使用，不得转借、赠送或买卖，不得弄虚作假或开具实物与票面不相符的收据，更不能开具存根联与其他联不符的收据。作废的收据要加盖"作废"印章，各联要连同存根联一起保管，不得撕毁、丢失。

出纳员应将空白收据存放在出纳专用的保险柜内。

三、印章的保管

与出纳工作有关的印章主要包括财务专用章、收付款专用章等。印章一般应由会计主管或指定的专人保管，负责保管的人员不得将印章随意存放或带出工作单位。各种印章的保管应与现金相同，不得随意放入办公桌的抽屉内，以免给国家和单位造成不必要的经济损失。

活动二　现金的清查

想一想　广宇诚信有限责任公司2019年年底进行现金清查，如果你是出纳员，你应如何进行现金清查？如果清查结果账实不符，你应该怎么做？

知识链接

一、现金清查的方法

库存现金清查的基本方法是实地盘点法。实地盘点法是指通过对库存现金的实有数额进行盘点，进而与现金日记账的余额相核对，来查明账实是否相符的方法。

库存现金清查可分为以下两种情况：

（1）在日常工作中，现金出纳员每日清点库存现金的实有数额，并及时与现金日记账的余额相核对。这种清查实际上是现金出纳员份内的职责。

（2）由专门的清查人员进行的清查。清查人员要认真审核收付凭证和账簿记录，检查经济业务的合理和合法性，以及是否存在以白条或借据冲抵现金的现象等。

二、现金清查的程序

现金清查的程序主要包括以下六个步骤（见图3-4-1）：

图3-4-1

（1）清查前，出纳员应先将现金收、付款凭证全部登记入账，并结出现金日记账的余额，将余额填写在库存现金盘点报告表（见图3-4-2））中。

（2）清查时出纳员必须在场，现金由出纳员经手盘点，清查人员从旁监督并清点。

（3）清查人员对盘点实存数与现金日记账账面余额进行核对，查明账实是否相符，还要查明有无违反现金管理规定，如有无以白条或借据冲抵现金、现金库存是否超过核定的限额、有无坐支现金等。

（4）根据清查结果编制库存现金盘点报告表，并由清查人员和出纳员签名盖章，作为重要的原始凭证。

（5）将清查结果汇报给相关领导，对于账实不符的情况，按领导批示意见进行账务处理。

（6）根据审核无误的记账凭证登记现金日记账。

库存现金盘点报告表

盘点日期　　年　月　日

单位名称：

清点现金													核对账目	
票面	张数	亿	千	百	十	万	千	百	十	元	角	分	项目	金额
100元													现金账面余额	
50元													实点现金	
20元													长款或短款	
10元													备注：	
5元														
1元														
5角														
1角														
实点现金合计														

盘点人签章：　　　　出纳员签章：

图3-4-2

三、现金盘盈账务处理

现金盘盈又称现金溢余或现金长款，是指实物比正确的账面记录多，一般是由单位管理制度的疏失和收款人员的工作失误造成的，不存在恶意作弊的问题。

发生现金盘盈后，应先借记“库存现金”账户，贷记“待处理财产损溢——待处理流动资产损溢”账户。经有关部门查明原因后，借记“待处理财产损溢——待处理流动资产损溢”账户，贷记相关科目。

基本的处理原则是：

（1）应支付给有关单位的现金盘盈，贷方应计入“其他应付款”。

（2）对于部分因客户原因造成的多收款而且无法退还造成的现金盘盈，贷方应计入“营业外收入”。

做中学

2019年6月30日，广宇诚信有限责任公司进行库存现金清查，账务处理如下：

1. 清查前，出纳员先将所有凭证登记入账，并结出现金日记账的余额，将余额填写在库存现金盘点报告表中。

2. 清查人员对库存现金的实有数额进行清点。

3. 清查人员对盘点实存数与现金日记账账面余额进行核对，发现现金长款50元。

4. 清查后，根据清查结果编制库存现金盘点报告表（见图3-4-3）。

库存现金盘点报告表

盘点日期 2019 年 06 月 30 日

单位名称：广宇诚信有限责任公司

清点现金													核对账目	
票面	张数	亿	千	百	十	万	千	百	十	元	角	分	项目	金额
100元	20						2	0	0	0	0	0	现金账面余额	2800.00
50元	12							6	0	0	0	0	实点现金	2850.00
20元	3								6	0	0	0	长款或~~短~~款	50.00
10元	18							1	8	0	0	0	备注：其中40元系出纳员多收，另外10元无法查明原因。	
5元	2								1	0	0	0		
1元	0													
5角	0													
1角	0													
实点现金合计							2	8	5	0	0	0		

盘点人签章：李明华　　　　出纳员签章：刘帅

图3-4-3

5. 将清查结果汇报给有关领导，将账实不符的库存现金盘点报告表传递给出纳员，编制记账凭证（见图3-4-4和图3-4-5）。

收 款 凭 证

借方科目：库存现金　　　　2019年 06 月 30 日　　　　现收字第 4 号

摘要	贷方科目	明细科目	记账	千	百	十	万	千	百	十	元	角	分
库存现金盘盈	待处理财产损溢	待处理流动资产损溢								5	0	0	0
合计									¥	5	0	0	0

附单据 1 张

会计主管：　　记账：宋丽　　复核：　　出纳：　　制单：宋丽

图3-4-4

转账凭证

2019年 06月 30日　　　　转字第 3 号

摘要	总账科目	明细科目	记账	借方金额	记账	贷方金额
库存现金盘盈	待处理财产损溢	待处理流动资产损益		5000		
	营业外收入	现金溢余				1000
	其他应付款	应付现金溢余				4000
合计				¥5000		¥5000

附单据 1 张

会计主管：　记账：　复核：　出纳：　制单：宋丽

图3-4-5

6. 出纳员根据审核无误的记账凭证登记现金日记账（见图3-4-6）。

现金日记账

第 24 页

2019年 月	日	凭证编号	摘要	对方科目	借方	√	贷方	√	余额
6	30		承前页		678520 0		598520 0		800000
		现付6	向银行送存现金	银行存款			350000		450000
		现收4	库存现金盘盈	待处理财产损溢	5000				455000
	30		本月合计		6790200		6335200		455000

图3-4-6

知识链接

现金盘亏账务处理

现金盘亏又称现金短缺或现金短款，是指实物比正确的账面记录少，造成这种情况的原因有管理人员的失误、偷窃、自然灾害等。

发生现金盘亏后，应先借记“待处理财产损溢——待处理流动资产损溢”账户，贷记“库存现金”账户。经有关部门查明原因后，贷记“待处理财产损溢——待处理流动资产损溢”账户，借记相关科目。

基本的处理原则是：

（1）因企业管理不善即没有个人主观恶意舞弊所造成的现金盘亏及无法查明原因的现金盘亏，借方应计入“管理费用”。

（2）属于责任人赔偿的部分，比如保险公司或者出纳员赔偿的部分，借方应计入“其他应收款”。

做中学

2019年6月30日，广宇诚信有限责任公司进行库存现金清查，账务处理如下：

1. 清查前，出纳员先将所有凭证登记入账，并结出现金日记账的余额，将余额填写在库存现金盘点报告表中。

2. 清查人员对库存现金的实有数额进行清点。

3. 清查人员对盘点实存数与现金日记账账面余额进行核对，发现现金短款100元。

4. 清查后，根据清查结果编制库存现金盘点报告表（见图3-4-7）。

库存现金盘点报告表

盘点日期 2019 年 06 月 30 日

单位名称：广宇诚信有限责任公司

清点现金													核对账目	
票面	张数	亿	千	百	十	万	千	百	十	元	角	分	项目	金额
100元	20						2	0	0	0	0	0	现金账面余额	2800.00
50元	12							6	0	0	0	0	实点现金	2700.00
20元	3								6	0	0	0	~~长款~~或短款	100.00
10元	4								4	0	0	0	备注：系出纳员疏忽造成，由出纳员赔偿。	
5元	2													
1元	0													
5角	0													
1角	0													
实点现金合计							2	7	0	0	0	0		

盘点人签章：李明华　　出纳员签章：刘帅

图3-4-7

5. 将清查结果汇报给有关领导，将账实不符的库存现金盘点报告表传递给出纳员，编制记账凭证（见图3-4-8和图3-4-9）。

付 款 凭 证

贷方科目：库存现金　　2019年 06 月 30 日　　现付字第 7 号

摘要	借方科目	明细科目	记账	千	百	十	万	千	百	十	元	角	分
库存现金盘亏	待处理财产损溢	待处理流动资产损溢							1	0	0	0	0
合计									¥1	0	0	0	0

附单据 1 张

会计主管：　记账：　复核：　出纳：　制单：宋丽

图3-4-8

转账凭证

2019年 06月 30日　　　　转字第 4 号

摘要	总账科目	明细科目	记账	借方金额（千百十万千百十元角分）	记账	贷方金额（千百十万千百十元角分）
库存现金盘亏	其他应收款	刘帅		10000		
	待处理财产损溢	待处理流动资产损益				10000
合计				¥10000		¥10000

附单据 1 张

会计主管：　记账：　复核：　出纳：　制单：宋丽

图3-4-9

6. 出纳员根据审核无误的记账凭证登记现金日记账（见图3-4-10）。

现金日记账

第 24 页

2019年 月	日	凭证编号	摘要	对方科目	借方（千百十万千百十元角分）	√	贷方（千百十万千百十元角分）	√	余额（千百十万千百十元角分）
6	30		承前页		6785200		5985200		800000
		现付6	向银行送存现金	银行存款			350000		450000
		现付7	库存现金盘亏	待处理财产损溢			10000		440000
	30		本月合计		6785200		6345200		440000

图3-4-10

任务五　实训操作

【目的】练习现金收支业务的处理。

【公司资料】

1. 北京爱莎有限责任公司（地址：北京市天成路8号；法人代表：赵传承；财务负责人：孙百成；开户银行：中国银行北京分行；银行账号：3160206046682153751；纳税人识别号：1000102773578568）。

2. 麦辉超市广宇店（地址：广宇市长江路638号；电话：7665583；纳税人识别号：130105601004788；开户银行：中国银行长江路支行；银行账号：9708091001）

【实训要求】

1. 对原始凭证进行审核。

2. 根据发生的经济业务分析、填制原始凭证。

3. 根据原始凭证编制记账凭证。

4. 根据经济业务的发生顺序逐日逐笔登记现金日记账，每日结出现金日记账的余额。

【实训资料】

北京爱莎有限责任公司2019年1月发生部分现金收付款经济业务，请按照实训要求完成实训任务。

1. 1日，采购员预借差旅费（见图3-5-1和图3-5-2）。

差旅费借款单

2019年01月01日

部门	采购部	借款人	李磊		
借款原因	采购材料，出差				
借款金额	人民币(大写)：叁仟元整　¥3000.00				
批准人	赵传承	财务审核	孙自成	部门领导	王鑫

现金付讫

借款单存根

2019年01月01日

借款人李磊

金额 ¥3000.00

出纳 张丽

本存根于结账后归还借款者

图3-5-1

付款凭证

贷方科目：　　　　年　月　日　　　　付字第　　号

摘要	借方科目	明细科目	记账	金额 千	百	十	万	千	百	十	元	角	分
合计													

附单据　张

会计主管：　　记账：　　复核：　　出纳：　　制单：

图3-5-2

2. 2日，销售员张凡报销出租车发票（见图3–5–3和图3–5–4）。

北京市
客运出租车专用发票
SHANDONG HEBET
PROVNCE TAXI REVEIPT
发票联
INVOICE

发票代码： 231009832554
Invoice code
发票号码： 16448953
Invoice No.
公司代码： 000018
Company code
车号：京 G 1584
Taxi No.
起止时间： 13:35-13:49
On and off time
等候时间： 0.3
Waiting time
运营里程： 9.8
Mileage
金额合计： 50.00
Sun
大写： 伍拾元零角零分
Capital
开票日期： 2019.01.01
Date issued
（机打发票，手写无效）

图3–5–3

付款凭证

贷方科目：　　　　年　　月　　日　　　　付字第　　号

摘要	借方科目	明细科目	记账	金额 千	百	十	万	千	百	十	元	角	分
合计													

附单据　　张

会计主管：　　记账：　　复核：　　出纳：　　制单：

图3–5–4

3. 4日，报销职工住院慰问金（见图3-5-5和图3-5-6）。

费用报销单

2019 年 01 月 04 日

报销部门	采购部	报销人	王鑫		
报销项目	附凭证张数	支出金额	核销金额	备注	
职工住院慰问金	1	150.00	150.00		
				领导审批	同意报销。 赵传承 2019.1.4
	现金付讫				
核销金额合计	人民币(大写)：壹佰伍拾元整		小写：¥150.00		

会计主管：孙百成　　核销：刘文　　出纳：张丽

图3-5-5

付 款 凭 证

贷方科目：　　　　年　　月　　日　　　　付字第　　号

摘　要	借方科目	明细科目	记账	金额										附单据　张
				千	百	十	万	千	百	十	元	角	分	
合　　计														

会计主管：　　记账：　　复核：　　出纳：　　制单：

图3-5-6

4. 4日，报销业务招待费（见图3-5-7至图3-5-11）。

费用报销单

2019 年 01 月 04 日

报销部门	销售部	报销人	黄双双		
报销项目	附凭证张数	支出金额	核销金额	备注	
业务招待费	1	800.00	800.00		
				领导审批	同意报销。赵传承 2019.1.4
核销金额合计	人民币（大写）：捌佰元整		小写：¥800.00		

现金付讫

会计主管：孙百成　　核销：刘文　　出纳：张丽

图3-5-7

北京市定额发票
BEIJING QUOTA INVOICE
发票联
INVOICE

发票代码：235469821235
INVOICE CODE
发票号码：01635326
INVOICE NO
发票密码：[redacted]
INVOICE PASSWORD
客户名称：
CUSTOMER
开票日期　2019 年 01 月 04 日　收款单位（盖章有效）

伍佰元
¥：500

兑奖联

发票代码：235469821235
INVOICE CODE
发票号码：01635326
INVOICE NO
奖区：[redacted]
AWARD AREA
面额：500.00

图3-5-8

北京市定额发票
BEIJINGQUOTA INVOICE
发票联
INVOICE

发票代码：235469821235
INVOICE CODE
发票号码：01635327
INVOICE NO
发票密码：[redacted]
INVOICE PASSWORD
客户名称：
CUSTOMER
开票日期　2019 年 01 月 04 日　收款单位（盖章有效）

贰佰元
¥：200

兑奖联

发票代码：235469821235
INVOICE CODE
发票号码：01635327
INVOICE NO
奖区：[redacted]
AWARD AREA
面额：200.00

图3-5-9

北京市定额发票
BEIJING QUOTA INVOICE
发票联
INVOICE

发票代码：235469821235
INVOICE CODE
发票号码：01635328
INVOICE NO
发票密码：[redacted]
INVOICE PASSWORD
客户名称：
CUSTOMER
开票日期 2019年01月04日 收款单位（盖章有效）

壹佰元
¥：100

兑奖联

发票代码：235469821235
INVOICE CODE
发票号码：01631328
INVOICE NO
奖区：[redacted]
AWARD AREA
面额：100.00

图3-5-10

付款凭证

贷方科目： 年 月 日 付字第 号

摘要	借方科目	明细科目	记账	金额 千	百	十	万	千	百	十	元	角	分
合计													

附单据 张

会计主管： 记账： 复核： 出纳： 制单：

图3-5-11

5. 7日，销售童装（见图3-5-12至图3-5-14）。

出库单

收货单位:A仓库 2019年01月07日 NO. 00213720

品名	规格	单位	数量	单价	金额	备注
童装	M	件	60	10.00	600.00	
合计					¥600.00	

第三联 记账联

保管员：王鑫 验收：李丽 提货人：刘东 制单:王鑫

图3-5-12

3100061140 **北京市增值税专用发票** No 87655432

开票日期：

购货单位	名　　称： 纳税人识别号： 地址、电话： 开户行及账号：			密码区		加密版本:11	
货物或应税劳务名称	规格型号	单位	数量	单价	金　额	税率	税　额
合　计							
价税合计（大写）					（小写）		
销货单位	名　　称： 纳税人识别号： 地址、电话： 开户行及账号：			备注			

收款人：　　复核：　　开票人：　　销货单位：（章）

第一联 记账联 销售方记账凭证

图3-5-13

收 款 凭 证

借方科目：　　　年　月　日　　　收字第　　号

摘　要	贷方科目	明细科目	记账	金额 千	百	十	万	千	百	十	元	角	分

附单据　张

会计主管：　记账：　复核：　出纳：　制单：

图3-5-14

6. 10日，收到现金收入585元，其中100元面额5张，50元面额1张，10元面额3张，5元面额1张，将现金送存银行（见图3-5-15和图3-5-16）。

中国农业银行 现金存款单（回单）2

年　月　日

存款人	全　称		款项来源	
	账　户			
	开户银行		亿 千 百 十 万 千 百 十 元 角 分	
金额大写	人民币伍佰捌拾伍元整			
票面	张数	亿 千 百 十 万 千 百 十 元 角 分	收款银行盖章	
100元			中国农业银行 北京分行 2019.01.10 收讫	
50元				
20元				
10元				
5元				
1元				
5角				
1角			经办　复核	

图3-5-15

付 款 凭 证

贷方科目：　　　　　　　　　　年　　月　　日　　　　付字第　　号

摘　要	借方科目	明细科目	记账	金额 千	百	十	万	千	百	十	元	角	分
合　计													

附单据　张

会计主管：　　记账：　　复核：　　出纳：　　制单：

图3-5-16

7. 10日，报销差旅费（见图3-5-17至图3-5-20）。

差 旅 费 报 销 单

部门：采购部　　　　　　2019年　01　月　10　日

出差人	李向阳			事由			采购材料					
出差时间	起止地点	火车	汽车	轮船	飞机	市内车费	住宿费	其他	住勤费 天数	住勤费 标准	住勤费 金额	合计金额
1月2日	北京至杭州	350				120	1000	250	8	50	400	2120
1月10日	杭州至北京	350				55						405
合计		700				175	1000	250			400	2525
报销金额	人民币（大写）：贰仟伍佰贰拾伍元整　　¥2525.00											
原借款	¥3000.00	报销金额	¥2525.00	应退款	¥475.00	应找补						
审批意见	同意报销，补足余款。　赵传承　2019.1.10											

会计主管：孙百成　　会计：刘珏　　出纳：张丽　　报销人：李向阳

图3-5-17

收　　据

2019年01月10日　　　　No 100702

今收到：李向阳

交　来　差旅费余款

人民币（大写）肆佰柒拾伍元整　　¥ 475.00

现 金 收 讫

收款单位（盖章）　　收款人：张丽　　缴款人：李向阳

北京…务有限…公司　财务专用章

图3-5-18

收款凭证

借方科目：　　　　　　　　年　　月　　日　　　　　　收字第　　号

摘要	贷方科目	明细科目	记账	金额									
				千	百	十	万	千	百	十	元	角	分

附单据　　张

会计主管：　　　　记账：　　　　复核：　　　　出纳：　　　　制单：

图3-5-19

转账凭证

年　月　日　　　　　　转字第　　号

摘要	总账科目	明细科目	记账	借方金额										记账	贷方金额									
				千	百	十	万	千	百	十	元	角	分		千	百	十	万	千	百	十	元	角	分
合　计																								

附单据　　张

会计主管：　　　　记账：　　　　复核：　　　　出纳：　　　　制单：

图3-5-20

8. 15日，购买办公用品（见图3-5-21和图3-5-22）。

北京市商业企业发票

发票联

发票代码 123000844134

发票号码 00001266

客户名称：北京爱莎有限责任公司　　2019年01月15日

品名	单位	数量	单价	金额						
				万	千	百	十	元	角	分
笔记本	个	100	2.50			2	5	0	0	0
签字笔	个	300	1.20			3	6	0	0	0
合计人民币（大写）	陆佰壹拾元整				¥	6	1	0	0	0

诚信文化用品公司 37060266354637373

收购单位（盖章有效）　　开票人：张娜　　销货人签字：张宝

②收款方收执

图3-5-21

付 款 凭 证

贷方科目：　　　　　　　　　年　　月　　日　　　　　付字第　　　号

摘　要	借方科目	明细科目	记账	金额 千	百	十	万	千	百	十	元	角	分
合　　计													

附单据　　张

会计主管：　　记账：　　复核：　　出纳：　　制单：

图3-5-22

9. 20日，购进商品（见图3-5-23至图3-5-25）。

北京市商业企业发票

发 票 联

发票代码 123000844135

发票号码 00001267

客户名称：北京爱莎有限责任公司　　2019 年 1 月 20 日

品 名	单位	数 量	单 价	金额 万	千	百	十	元	角	分
订书机	个	100	3.00			3	0	0	0	0
合计人民币(大写)	叁佰元整				¥	3	0	0	0	0

收购单位（盖章有效）　　开票人：张 丽　　销货人签字：李 丽

三联日用品有限公司
1000102773578568
发票专用章

②收款方收执

图3-5-23

入库单

2019 年 1 月 20 日　　供货单位（个人）：三联日用品有限公司　　NO. 0512461

品　名	规　格	单　位	数　量	单　价	金　额	备　注
订书机	一级	个	100	3.00	300.00	
合　计					¥300.00	

第三联记账联

送货人：张宝　　保管员：李向阳　　制单：王鑫

图3-5-24

付款凭证

贷方科目：　　　　年　月　日　　　　付字第　　号

摘要	借方科目	明细科目	记账	金额									
				千	百	十	万	千	百	十	元	角	分
合计													

附单据　　张

会计主管：　　记账：　　复核：　　出纳：　　制单：

图3-5-25

10. 20日，支付报刊费（见图3-5-26和图3-5-27）。

北京市日报社报刊费收据

2019年01月20日　　NO.32335099

户名：北京爱莎有限责任公司　　订户电话：010-62998888　　地址：北京市天成路8号

报刊名称	起止日期	订阅份数	破定数	整定数	共计款额
北京日报	2019年1月至12月	1			￥160.00
精品导刊	2019年1月至12月	1			￥52.00
合计人民币（大写）：贰佰壹拾贰元整				收费人：赵刚	
订户须知	1. 请核对填写的内容是否正确，并妥善保管此收据或复印件，以备查询 2. 本收据如有涂改或未填写日期及没有收费人员签名无效 3. 发行公司服务电话：010-67516666				

现金付讫

图3-5-26

付款凭证

贷方科目：　　　　年　月　日　　　　付字第　　号

摘要	借方科目	明细科目	记账	金额									
				千	百	十	万	千	百	十	元	角	分
合计													

附单据　　张

会计主管：　　记账：　　复核：　　出纳：　　制单：

图3-5-27

11. 22日，支付考务费、培训费、报名费（见图3−5−28和图3−5−29）。

北京市非税收入专用收据

2019年01月22日

户名：北京爱莎有限责任公司　　NO.32465099

收入项目	项目编码	数量	征收标准	金额
会计职称考务费		6	60	360.00
会计职称培训费		6	70	420.00
会计职称报名费		6	10	60.00
合计金额	人民币捌佰肆拾元整		小写：¥840.00	
备　注				

执收单位（财务专用章）　　开票人：王宁　　收款人：李子豪

图3−5−28

付 款 凭 证

贷方科目：　　年　月　日　　付字第　号

摘　要	借方科目	明细科目	记账	千	百	十	万	千	百	十	元	角	分
合　计													

附单据　张

会计主管：　记账：　复核：　出纳：　制单：

图3−5−29

12. 30日，对现金进行清查，出现短款，原因查明，由出纳员赔偿（见图3−5−30至图3−5−32）。

库存现金盘点报告表

盘点日期 2019年01月30日

单位名称：北京爱莎有限责任公司

清点现金													核对账目	
票面	张数	亿	千	百	十	万	千	百	十	元	角	分	项目	金额
100元	20						2	0	0	0	0	0	现金账面余额	2613.00
50元	8							4	0	0	0	0	实点现金	2593.00
20元	5							1	0	0	0	0	~~长款~~或短款	20.00
10元	9								9	0	0	0	备注：系出纳员疏忽造成，由出纳员赔偿。	
5元	0													
1元	3									3	0	0		
5角	0													
1角	0													
实点现金合计														

盘点人签章：孙百成　　出纳员签章：张丽

图3−5−30

付款凭证

贷方科目：　　　　　　　　　　　年　　月　　日　　　　　　付字第　　　号

摘　要	借方科目	明细科目	记账	金额									
				千	百	十	万	千	百	十	元	角	分
合　　计													

附单据　　张

会计主管：　　　记账：　　　复核：　　　出纳：　　　制单：

图3-5-31

转账凭证

年　　月　　日　　　　　　转字第　　　号

摘　要	总账科目	明细科目	记账	借方金额										记账	贷方金额									
				千	百	十	万	千	百	十	元	角	分		千	百	十	万	千	百	十	元	角	分
合　　计																								

附单据　　张

会计主管：　　　记账：　　　复核：　　　出纳：　　　制单：

图3-5-32

13. 30日，出纳员交来赔偿款（见图3-5-33和图3-5-34）。

收　　据

2019 年 01 月 30 日　　　　　　No 100703

今收到：出纳员 刘文

交　来　赔偿款

人民币（大写）贰拾元整　　　　¥ 20.00

收款单位（盖章）　　收款人：张丽　缴款人：刘文

财务专用章

现金收讫

第二联　收据

图3-5-33

收款凭证

借方科目：　　　　　　年　月　日　　　　　　收字第　　号

摘　要	贷方科目	明细科目	记账	金　额（千百十万千百十元角分）

附单据　　张

会计主管：　　记账：　　复核：　　出纳：　　制单：

图3-5-34

14. 登记现金日记账（见图3-5-35）。

假设1月期初余额为830元，1日出纳员从银行账户中提取7 000元的备用金。

现金日记账

第　页

2019年 月	日	凭证编号	摘　要	对方科目	借　方（千百十万千百十元角分）	√	贷　方（千百十万千百十元角分）	√	余　额（千百十万千百十元角分）
1	1		期初余额						83000
1	1	银付1	提现	银行存款	700000				783000

图3-5-35

项目四　处理银行支付结算业务

在日常生活中，单位、个人因商品交易、劳务供应等发生的经济往来中必然会产生各种债权债务关系，这种债权债务关系的了结除了小额款项的可以使用现金结算外，大多数款项均是通过银行支付结算来完成的，这是因为银行转账较为安全、管理费用较低和容易宏观控制。那么债权债务人之间究竟是如何通过银行进行收付款项结算的呢？下面就让我们先来认知一下银行支付结算业务吧！

任务一　认知银行支付结算业务

任务目标

知识目标：明白银行支付结算的主体。

能力目标：能分清银行类金融机构的分类，搞清它们之间的关系。

素养目标：对银行支付结算有初步的了解和认识。

知识结构图

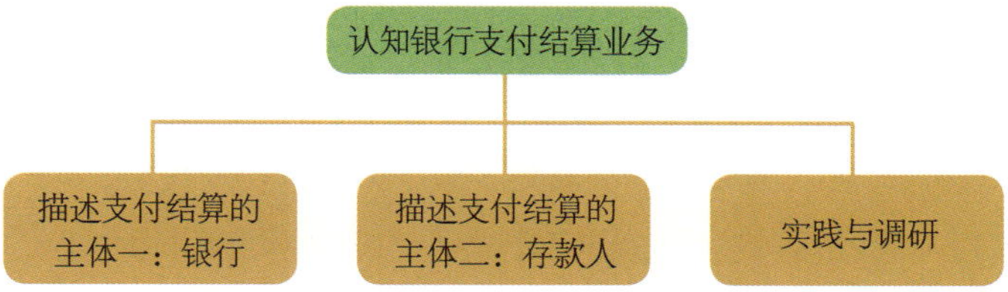

活动一　描述支付结算的主体一：银行

搜一搜　请你说出你所知道的银行名称。

问一问　请描述一下你看到或了解的银行。这些银行都办理哪些业务？办理的业务相同吗？

知识链接

一、我国银行的分类

我国银行类金融机构可以分为中央银行、政策性银行、商业银行三类。

1. 中央银行

中央银行是一个国家金融体系的中心机构，在银行体系中处于领导地位，是国家管理金融的机关，是“银行的银行”，在我国就是指中国人民银行。货币发行、利率调整等，都属于中国人民银行的职能。由于中国人民银行具有管理职能，所以也可以称为“银行管理机构”。

2. 政策性银行

政策性银行是指由政府或政府机构发起、出资创立、参股或保证，不以利润最大化为经营目的，在特定业务领域内从事政策性融资活动，以贯彻和配合政府的社会经济政策或意图的金融机构。目前，我国的政策性银行有三家：中国农业发展银行、中国进出口银行、国家开发银行。

3. 商业银行

商业银行的主要特征是：经营货币资金买卖的金融法人，以营利为目的的企业，现代金融体系的主体。

相对于中央银行的管理职能来说，商业银行属于“银行经营机构”。中国银行、中国工商银行、中国农业银行、中国建设银行等国家参股或投资的银行，以及中国光大银行、中国民生银行等民办银行，都属于商业银行的组成部分。

二、银行分支机构的分类

银行分支机构是指以银行财产设立的相对独立活动的银行组成部分。为了便于拓展业务，在中国境内的大多数银行均会设立分支机构，独立活动的银行分支机构也需要进行登记。银行分支机构仍属于银行组成部分，主要表现在其目的事业须在银行事业范围之内，其行为的效果仍由总行承担。

中国的银行一般按照行政管辖区域来划分。以中国银行为例，中国银行在各个省（自治区、直辖市）都设有省（自治区、直辖市）分行，如广东省分行，简称省行；在省行下面，再设市（县）分行，如东莞分行；在分行下面，再设支行，如东莞南城支行；在支行下面，再设网点，如东莞南城支行宏图路网点。

省行、分行、支行和网点都属于银行分支机构。

三、中国人民银行与商业银行的关系

第一，商业银行向中国人民银行交存存款准备金。依《中国人民银行法》的规定，中国人民银行可以要求金融机构按照规定的比例交存存款准备金。

第二，中国人民银行向商业银行提供贷款。商业银行发生资金周转困难时，可向中国人民银行提出贴现或贷款的申请。中国人民银行作为“银行的银行”，可向商业银行提供贷款。

第三，中国人民银行为商业银行办理转账结算业务。商业银行作为中国人民银行的存款客户，在与其他商业银行及其他金融机构或非金融机构发生债权和债务关系时，可通过中国人民银行办理转账结算。

第四，中国人民银行对商业银行实行金融管理。中国人民银行作为国家管理金融的机关，为了维护国家金融的稳定，代表国家制定有关金融管理方面的政策和制度，对商业银行和其他金融机构进行管理和监督。

练一练

找找你所在城市的银行类金融机构，并对它们进行分类。

活动二　描述支付结算的主体二：存款人

问一问　你去过银行吗？请描述一下你办理过的业务。

搜一搜　请你说出与各银行打交道的都是哪些单位。

知识链接

一、支付结算办理哪些业务

支付结算有狭义和广义之分。狭义的支付结算是指单位、个人在社会经济活动中进行货币给付及其资金清算的行为，其主要功能是完成资金从一方当事人向另一方当事人的转移。广义的支付结算包括现金结算和银行转账结算。支付结算作为一种法律行为，具有一定的法律特征。

银行、城市信用合作社、农村信用合作社（以上三种机构统称“银行”）以及单位（含个体工商户）和个人是办理支付结算的主体。其中，银行是支付结算和资金清算的中介机构。

银行使用的支付结算工具包括三票、一卡、四种支付结算方式。三票是指支票、银行（商业）汇票和银行本票，一卡是指银行卡，四种支付结算方式是指汇兑、委托收款、托收承付、国内信用证。

随着社会经济的发展，银行本票、托收承付、信汇等支付结算工具已不大采用。

二、银行结算账户的概念

银行结算账户是指存款人在经办银行开立的办理资金收付结算的人民币活期存款账户。

三、银行结算账户的分类

银行结算账户按存款人不同，分为单位银行结算账户和个人银行结算账户。其中，单位银行结算账户按用途不同，分为基本存款账户、一般存款账户、专用存款账户、临时存款账户（见图4-1-1）。

- 银行结算账户
  - 单位银行结算账户
    - 基本存款账户
    - 一般存款账户
    - 专用存款账户
    - 临时存款账户
  - 个人银行结算账户

图4-1-1

四、单位银行结算账户各自的用途

1. 基本存款账户

存款人因办理日常转账结算和现金收付需要而开立的银行结算账户。

2. 一般存款账户

存款人因借款转存、借款归还或其他结算的资金收付而只能在“基本存款账户开户银行以外”的银行营业机构开立的银行结算账户。该账户可以办理现金缴存，但不得办理现金支取。

3. 专用存款账户

存款人按照法律、行政法规和规章对其特定用途资金进行专项管理和使用而开立的银行结算账户，如基本建设资金、更新改造资金、财政预算外资金、证券交易结算资金等。

4. 临时存款账户

存款人因临时需要并在规定期限内使用而开立的银行结算账户，如办理临时机构及临时经营活动发生的资金收付。

思考与训练

如果你是广宇诚信有限责任公司的财务负责人，请利用你所在城市的银行金融机构，帮助公司开立银行结算账户。

活动三　实践与调研

单位或个人之间的人民币转账结算均需通过银行结算账户。银行负责将债务人的资金划转给债权人，资金从一方当事人（付款人）向另一方当事人（收款人）转移，由此实现货币的给付、完成债权债务的清算。

请去身边的银行实地调研，通过实际案例理解银行如何发挥中介作用，并记录下来。

知识链接

支付结算的基本原则

（1）恪守信用，履约付款原则。

（2）谁的钱进谁的账，由谁支配原则。

（3）银行不垫款原则。

想一想　在实际操作中，为了贯彻银行不垫款的原则，银行在划转款项时应先记付款单位账还是收款单位账？为什么？

任务二　处理支票结算业务

任务目标

知识目标：熟知支票的种类、填写及具体要求，明白注意事项；认知签发支票办理相关业务所需的原始凭证；学做相关账务处理。

能力目标：能分清各种支票，能画出其样本，明白其结构；学会签发支票，办理相关业务；学会相关账务处理。

素养目标：认知支票并能准确区分；准确使用各种支票，办理相关业务；明白支票结算的业务流程。

知识结构图

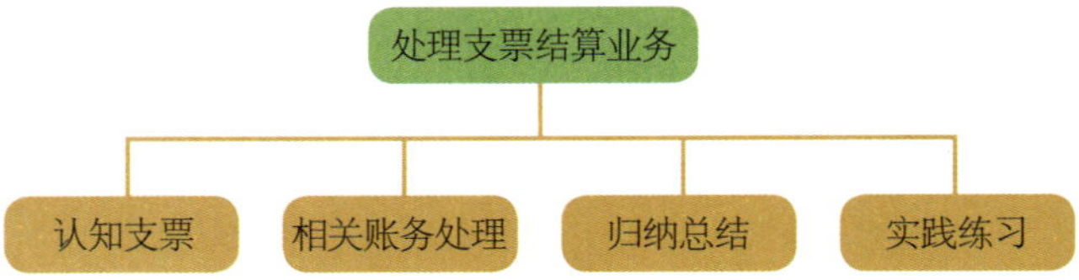

活动一　认知支票

支票是指由出票人签发的、委托办理支票存款业务的银行在见票时无条件支付确定的金额给收款人或持票人的票据。

搜一搜　你能找出几种支票样本？尝试着描述一下。

知识链接

一、支票的种类

1. 现金支票

现金支票上印有“现金”字样，它只能用于支取现金。

现金支票可以由存款人（出票人，下同）签发，到银行为本单位提取现金，也可以签发给其他个人，用来办理结算或委托银行代为支付现金给收款人，如提取备用金（见图4-2-1）及向个人收购农副产品（见图4-2-2）。

中国农业银行
现金支票存根
11619296
09761521
附加信息
出票日期 2019 年 07 月 23 日
收款人：广宇诚信有限责任公司
金　额：10000.00
用　途：备用金
单位主管　会计

中国农业银行　现金支票　11619296　09761521
付款期限自出票之日起十天
出票日期（大写）贰零壹玖年 零柒月贰拾叁日　付款行名称：农行广宇分行
收款人：广宇诚信有限责任公司　出票人账号：37001666660050152773
人民币（大写）壹万元整　¥10000.00
用途 备用金　密码
上列款项请从我账户内支付
出票人签章　广宇诚信有限责任公司 财务专用章　林胡印泽
复核　记账

图4-2-1

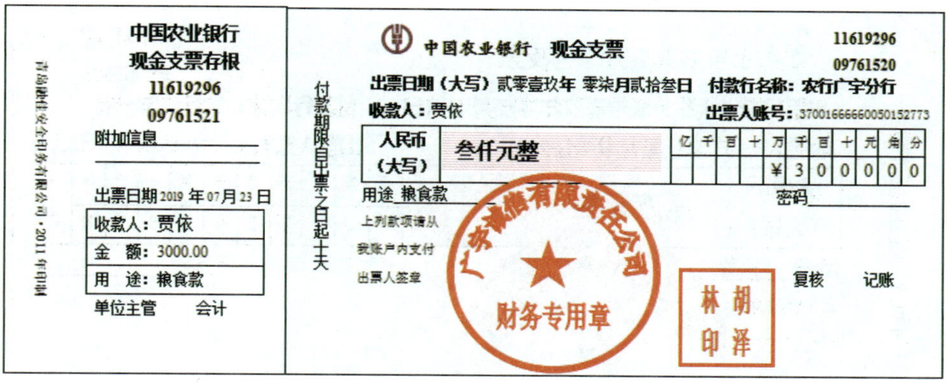

图4-2-2

2. 转账支票

转账支票上印有“转账”字样，它只能用于转账，不能支取现金。

转账支票适用于存款人给同城或同一票据交换区域内的收款单位划转款项，以办理商品交易、劳务供应、清偿债务和其他往来款项结算，如支付货款（见图4-2-3）。

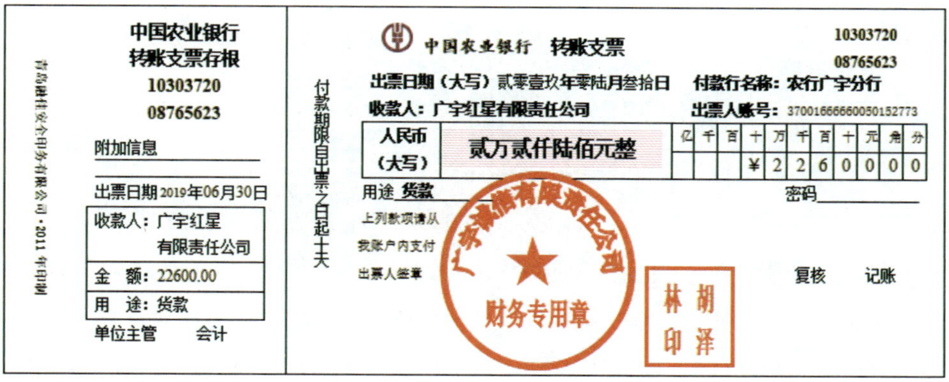

图4-2-3

3. 普通支票

普通支票上未印有“现金”或“转账”字样，它可以用于支取现金，也可以用于转账。在其左上角划有两条平行线的为划线支票，只能用于转账，不能用于支取现金（见图4-2-4）。

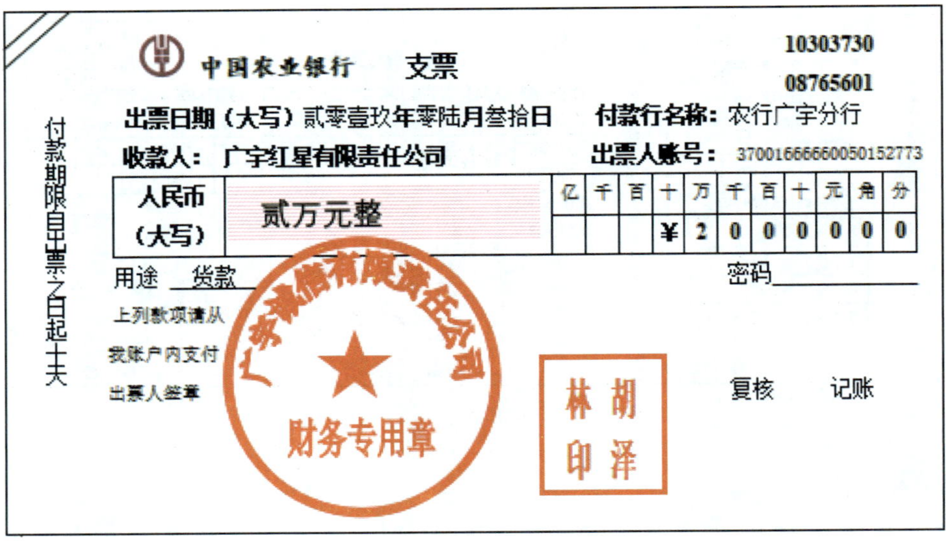

图4-2-4

看一看　对照支票票样，支票填写的内容有哪些？试着写在下面。

二、支票的填写及具体要求

（一）出票日期

一张支票分成左右两联，左小右大。

支票正联（右联）使用中文大写数字。

中文大写数字写法：零、壹、贰、叁、肆、伍、陆、柒、捌、玖、拾。

月为壹、贰和壹拾的，日为壹至玖和壹拾、贰拾、叁拾的，应在其前加“零”；日为拾壹至拾玖的，应在其前加“壹”。例如：2月12日应写成“零贰月壹拾贰日”，10月20日应写成“零壹拾月零贰拾日”。

支票存根联（左联）使用阿拉伯数字。

阿拉伯数字写法：0，1，2，3，4，5，6，7，8，9。

（二）付款行名称、出票人账号

应填写出票人（本单位）的开户银行名称及银行账号。

例如：农行新平分行，账号为50350001040008888。

（三）收款人

应填写收款单位的全称。

1. 现金支票收款人

（1）可写为本单位名称，此时现金支票背面“收款人签章”栏内加盖预留银行印鉴（一般为本单位的财务专用章和法人名章），同时出纳员需填明身份证件名称和号码，直接携现金支票到开户银行提取现金（见图4-2-5）。

附加信息：

广宇诚信有限责任公司 财务专用章

胡泽林印

收款人签章

2019年06月30日

身份证件名称：身份证　发证机关：广宇市公安局

号码 470803198808082126

（贴粘单处）

图4-2-5

（2）可写为收款人个人姓名，此时现金支票背面不盖任何章，收款人在现金支票背面填上身份证号码和发证机关名称，凭身份证和现金支票签字领款（见图4-2-6）。

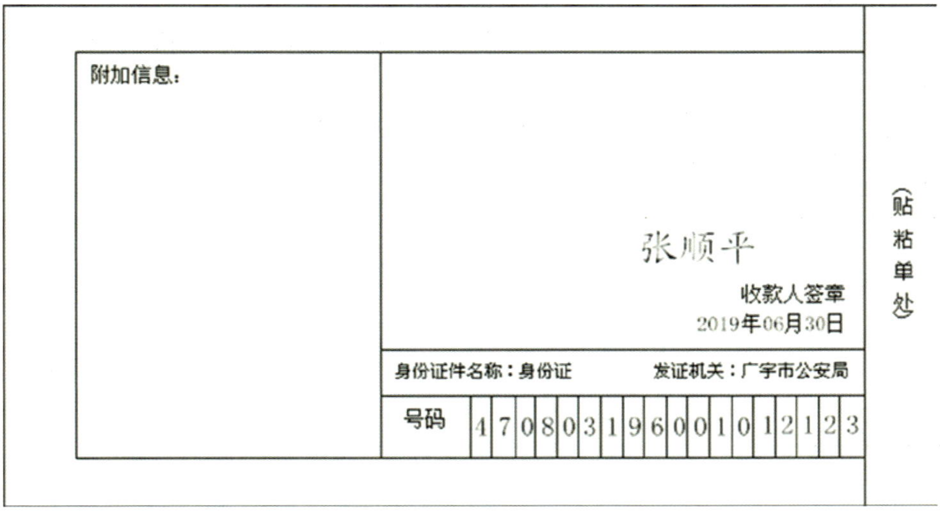
附加信息：

张顺平

收款人签章

2019年06月30日

身份证件名称：身份证　发证机关：广宇市公安局

号码 470803196001012123

（贴粘单处）

图4-2-6

2. 转账支票收款人

（1）可写为对方单位名称。转账支票背面出票单位不盖章。收款单位（持票人）取得转账支票正联后，在转账支票背面“背书人签章”栏内加盖预留银行印鉴，记载“委托收款”字样，在“被背书人”栏内记载其开户银行名称，并将填制好的银行进账单连同转账支票送交开户银行，委托银行收款（见图4-2-7和图4-2-8）。

附加信息	被背书人：工行广宇分行	被背书人
	委托收款 广宇红星有限责任公司 财务专用章 余 洪 印 背书人签章 2019年 06 月 30 日	背书人签章 年 月 日

（贴粘单处）

图4-2-7

中国工商银行 **进账单** （收账通知） 3

2019 年 06 月 30 日

出票人	全 称	广宇诚信有限责任公司	收款人	全 称	广宇红星有限责任公司
	账 号	37001666660050152773		账 号	1001258209300149518
	开户银行	农行广宇分行		开户银行	工行广宇分行

金额	人民币（大写）贰万贰仟陆佰元整	亿	千	百	十	万	千	百	十	元	角	分
					¥	2	2	6	0	0	0	0

票据种类	转支	票据张数	1
票据号码	1030372008765623		

复核 记账

中国工商银行 广宇分行 2019-06-30 业务受理章

收款人开户银行签章

此联是收款人开户银行交给收款人的收账通知

图4-2-8

（2）可写为收款人个人姓名。目前随着个人银行结算账户的使用，单位与个人之间的结算也可以使用转账支票。个人取得转账支票正联后，在转账支票背面“背书人签章”栏内签名，出示身份证，记载“委托收款”字样，并将填制好的银行进账单连同转账支票送交开户银行，委托银行收款（见图4-2-9和图4-2-10）。

附加信息	被背书人：	被背书人
	委托收款 李大发 背书人签章 2019年06 月30日	背书人签章 年 月 日

（贴粘单处）

图4-2-9

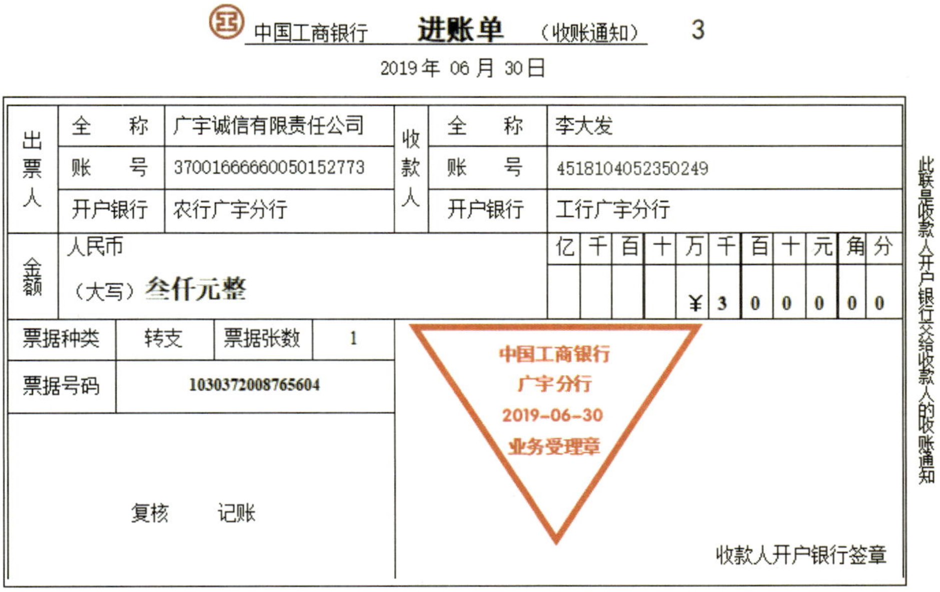

中国工商银行 **进账单** （收账通知） 3

2019年 06 月 30日

出票人	全 称	广宇诚信有限责任公司	收款人	全 称	李大发
	账 号	37001666660050152773		账 号	4518104052350249
	开户银行	农行广宇分行		开户银行	工行广宇分行

金额	人民币（大写）叁仟元整	亿	千	百	十	万	千	百	十	元	角	分
						¥	3	0	0	0	0	0

票据种类	转支	票据张数	1
票据号码	1030372008765604		

复核 记账

中国工商银行 广宇分行 2019-06-30 业务受理章

收款人开户银行签章

此联是收款人开户银行交给收款人的收账通知

图4-2-10

（四）人民币大写金额

应使用中文大写数字，用正楷或行书填写。大写金额应紧接“人民币”字样填写，不得留有空白，书写要规范。到“元”为止的，在“元”之后应写“整”或“正”字；到“角”为止的，在“角”之后可以不写“整”或“正”字；有“分”的，“分”后面不写“整”或“正”字。例如：

289 546.52：贰拾捌万玖仟伍佰肆拾陆元伍角贰分（“万”字不带单人旁）。

7 560.31：柒仟伍佰陆拾元零叁角壹分（万位或元位是“0”而千位、角位不是“0”时，“零”字可不写）。

532.00：伍佰叁拾贰元整（“整”字写为“正”字也可以，不能写“零角零分”）。

425.03：肆佰贰拾伍元零叁分（角位是“0”而分位不是“0”时，“元”后面应写“零”字）。

325.20：叁佰贰拾伍元贰角（“角”后面可加“整”或“正”字，不能写“零分”）。

（五）人民币小写金额

应使用阿拉伯数字，并在最高金额的前一位空格用人民币符号“¥”封顶。数字不得连写，以免分辨不清。

（六）用途

按实际用途填写，支票正联与存根联填写用途应一致。

现金支票有一定限制，一般填写“备用金”“差旅费”“工资”等。转账支票可填写“货款”“代理费”“餐饮费”“广告费”等。

（七）盖章

在支票正联出票人签章处加盖出票单位预留银行印鉴，通常加盖出票单位公章或财务专用章和法人名章，缺一不可。骑缝线处根据需要盖章。

支票背面盖章与否见“三、收款人”。

（八）支付密码

与银行约定使用支付密码的，需填写支付密码。

上述事项分别在支票正联和存根联的对应位置按规定准确填写。

三、相关常识与注意事项

（1）签发支票应当使用碳素墨水或墨汁填写，也可以使用支票打印机或支票打印软件打印。支票通常由出纳员填写各要素后交给会计机构的负责人审核，并加盖出票单位预留银行印鉴。

（2）支票的填写涉及三个基本当事人：出票人、付款人和收款人。

出票人是指以法定方式签发支票并将支票交付给收款人的人。

付款人是指出票人的开户银行。

收款人是指票面上明确填写的收款人全称。

（3）支票大小写金额、出票日期和收款人名称不得更改，更改的支票无效；其他事项原记载人可以更改，更改时应当由原记载人在更改处签章证明。

（4）支票的金额、收款人名称可以由出票人授权补记，未补记的支票不得使用。

（5）加盖预留银行印鉴时使用红色印泥，印章必须齐全、清晰。

（6）支票见票即付，有效期为自出票之日起10天。支票到期日遇到节假日的，可以延期到节假日结束后的第一个工作日。

（7）支票正联交给客户或银行办理转账或取现，存根联由出票人自留并作原始凭证。

（8）支票不能折叠；支票签发错误不得撕毁，应加盖“作废”戳记，连同其存根联一起粘贴好，妥善保存，并在支票领用登记簿（见图4-2-11）上注明作废。

支票领用登记簿

支票类别：现金支票　　　　2019　年　07 月 01 日

2019年		支票号码	摘要	金额										领用人签字	备注
月	日			千	百	十	万	千	百	十	元	角	分		
7	1	04750001	提现金				¥	5	0	0	0	0	0		

图4-2-11

（9）支票的出票人签发支票的金额不得超过付款时在银行实有的存款金额，禁止签发空头支票。

签发空头支票或者签发与其预留银行印鉴不符的支票，银行应予以退票；不以骗取财物为目的的，由中国人民银行处以票面金额5%但不低于1 000元的罚款；持票人有权要求出票人赔偿支票金额2%的赔偿金。

例如：蓝天公司为支付运费给白云运输公司，开出一张面额为10 000元的转账支票。次日，白云运输公司向银行提示付款，银行发现该支票为空头支票，遂予以退票，并对蓝天公司处以1 000元的罚款。

（10）转账支票可以背书转让、委托银行收款；现金支票不得背书转让，只能由持票人提示付款。

小组讨论　综上所述，现金支票与转账支票的区别主要体现在哪里？分组讨论并尝试归纳总结。

思考与训练

请在作业本上分别画出下列空白样本：

（1）现金支票正面和背面。

（2）转账支票正面和背面。

（3）银行进账单。

（4）支票领用登记簿。

活动二　相关账务处理

支票是同城结算中使用最为广泛的一种结算方式，它适用于单位和个人在同城或同一票据交换区域内的商品交易、劳务供应及其他往来款项的结算。

支票结算程序如图4-2-12所示。

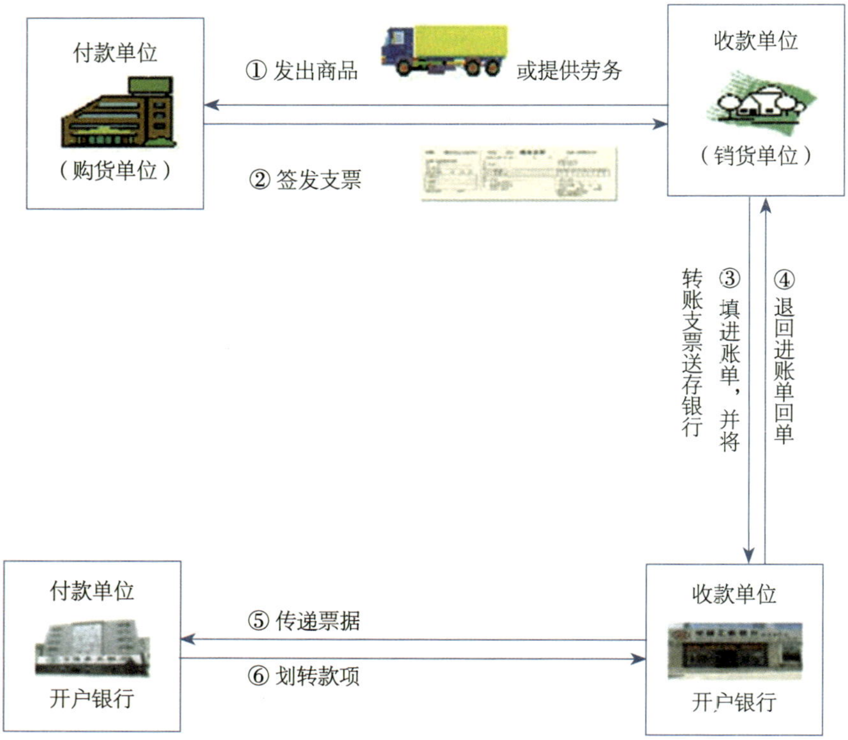

图4-2-12

做中学

广宇诚信有限责任公司2019年7月发生下列部分经济业务。请代替出纳员办理现金支票、转账支票和背书转让转账支票及委托银行收款业务，填写并学习相关内容。

签发现金支票

2日，出纳员（身份证号370602198008193216）提取现金30 000元备用。

1. 签发现金支票（见图4-2-13和图4-2-14）。

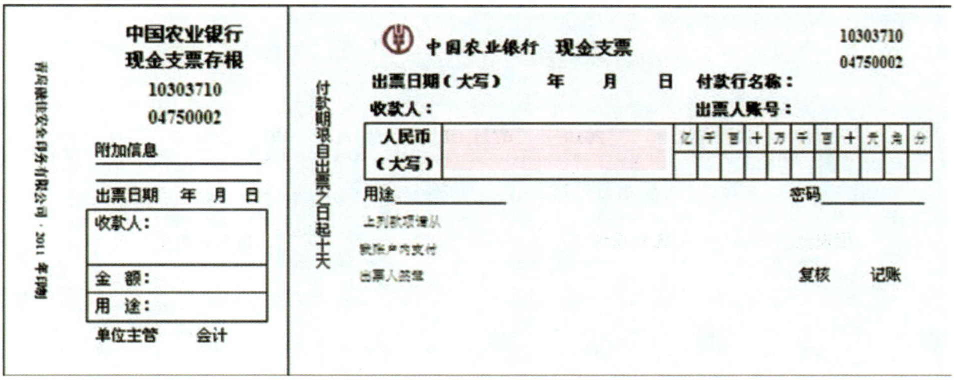
中国农业银行
现金支票存根
10303710
04750002
附加信息
出票日期 年 月 日
收款人：
金 额：
用 途：
单位主管 会计

中国农业银行 现金支票
10303710
04750002
付款期限自出票之日起十天
出票日期（大写） 年 月 日 付款行名称：
收款人： 出票人账号：
人民币（大写） 亿 千 百 十 万 千 百 十 元 角 分
用途 密码
上列款项请从
我账户内支付
出票人签章
复核 记账

图4-2-13

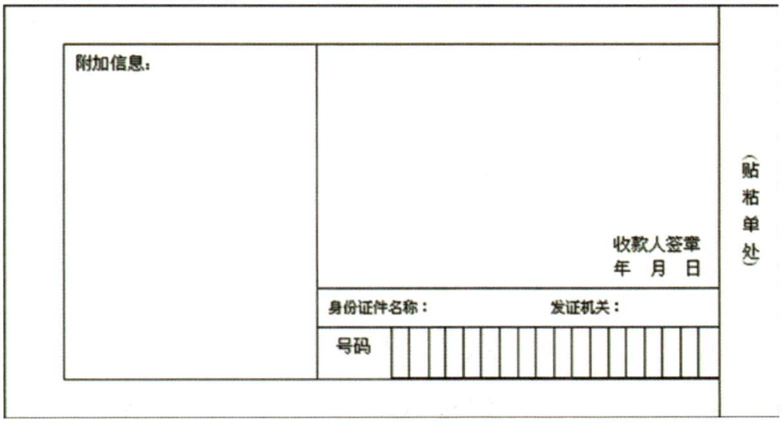
附加信息：
收款人签章
年 月 日
身份证件名称： 发证机关：
号码
（贴粘单处）

图4-2-14

2. 同时登记支票领用登记簿（支票号码：04750002，见图4-2-15）。

支票领用登记簿

支票类别：现金支票　　2019 年 07 月 02 日

2019年		支票号码	摘要	金额										领用人签字	备注
月	日			千	百	十	万	千	百	十	元	角	分		
7	2	04750002	提现金			¥	3	0	0	0	0	0	0		

图4-2-15

3. 编制记账凭证（见图4-2-16）。

付款凭证

贷方科目：银行存款　　2019 年　07月 02 日　　银 付字第　2　号

摘　要	借方科目	明细科目	记账	金额（千百十万千百十元角分）
提现金	库存现金			3000000
合　计				¥3000000

附单据 1 张

会计主管：　记账：　复核：　出纳：　制单：

图4-2-16

3日，向农民张宝（身份证号370102196803153511）直购蔬菜一批，支付款项4 750元。

1. 相关部门填开入库单（见图4-2-17）。

入库单

2019 年 07 月 03 日　　供货单位（个人）：张宝　　NO. 0512461

品　名	规　格	单　位	数　量	单　价	金　额	备　注
平　菇	一级	KG	150	8.00	1200.00	
鸡腿菇	一级	KG	130	10.00	1300.00	
草　菇	一级	KG	150	15.00	2250.00	
合　计					¥4750.00	

第三联记账联

送货人：张宝　　保管员：　　制单：

图4-2-17

2. 填开农产品收购专用发票（见图4-2-18）。

山东省农产品收购专用发票

发票联

发票代码 123000844134

发票号码 00001265

开票日期：2019年 07月 03日

销货人	张宝			身份证号	370102196803153511							
详细地址	广宇市高新区高官庄镇小张庄村160号											
品名	等级	单位	数量 毛重	折扣	净重	单价	金额 万	千	百	十	元	角	分
平菇	一级	KG			150	8.00		1	2	0	0	0	0
鸡腿菇	一级	KG			130	10.00		1	3	0	0	0	0
草菇	一级	KG			150	15.00		2	2	5	0	0	0
合计人民币(大写)	肆仟柒佰伍拾元整						¥	4	7	5	0	0	0
收购单位名称	广宇诚信有限责任公司			纳税人识别号	370602663546373								
地址电话	广宇市海华路18号0651-3344556			开户行及账号	农行广宇分行37001666660050152773								

收购单位（盖章有效）　开票人：宋丽　销货人签字：张宝

②报销凭证（购货方付款凭证）

图4-2-18

3. 签发现金支票（见图4-2-19和图4-2-20）。

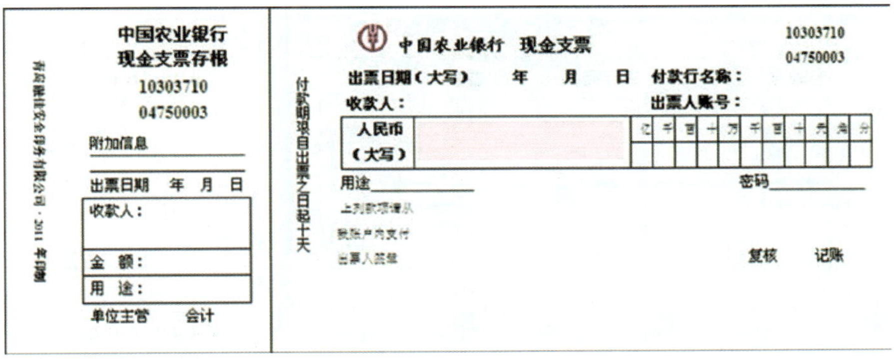

中国农业银行
现金支票存根
10303710
04750003
附加信息
出票日期 年 月 日
收款人：
金 额：
用 途：
单位主管 会计

中国农业银行 现金支票　10303710 04750003
付款期限自出票之日起十天
出票日期（大写） 年 月 日　付款行名称：
收款人：　出票人账号：
人民币（大写）　亿 千 百 十 万 千 百 十 元 角 分
用途　密码
上列款项请从
我账户内支付
出票人签章　复核　记账

图4-2-19

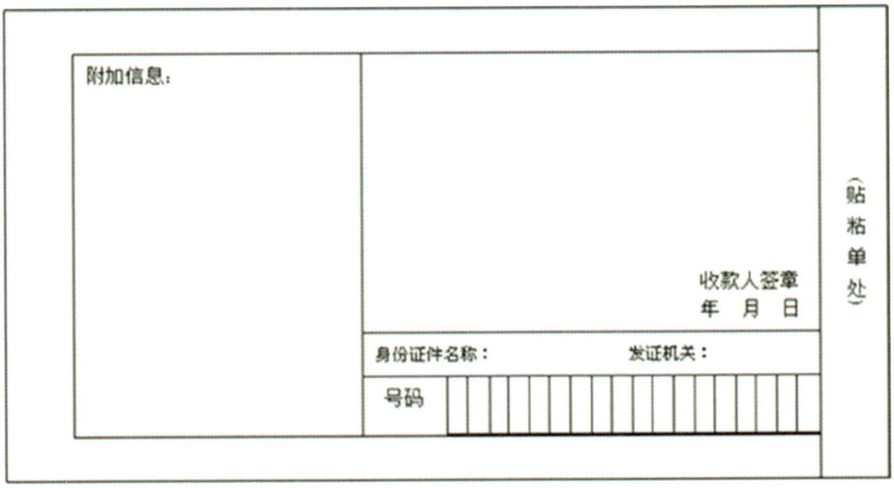

附加信息：
收款人签章
年 月 日
身份证件名称：　发证机关：
号码
（贴粘单处）

图4-2-20

4. 同时登记支票领用登记簿（支票号码：04750003，见图4-2-21）。

支票领用登记簿

支票类别：现金支票　　　　2019 年 07 月 03 日

2019年		支票号码	摘要	金额										领用人签字	备注
月	日			千	百	十	万	千	百	十	元	角	分		
7	3	04750003	提现金				¥	4	7	5	0	0	0		

图4-2-21

5. 编制记账凭证（见图4-2-22）。

付 款 凭 证

贷方科目：银行存款　　2019 年 07月 03 日　　银 付字第 3 号

摘　要	借方科目	明细科目	记账	金　额									
				千	百	十	万	千	百	十	元	角	分
购蔬菜	库存商品	蔬菜						4	7	5	0	0	0
合　计							¥	4	7	5	0	0	0

附单据 2 张

会计主管：　记账：　复核：　出纳：　制单：

图4-2-22

思考与训练

假设购买的蔬菜为职工食堂所使用，该如何做会计分录？

知识链接

农产品收购专用发票

增值税一般纳税人在购进农产品时，农民等销售者无法提供增值税专用发票。根据现行政策的规定，增值税一般纳税人向农业生产者个人收购农产品，可在其经营范围内向主管税务机关提出书面申请领购农产品收购专用发票。

增值税一般纳税人向农业生产者个人收购农产品时自行开具收购发票，应如实填写收购发票有关栏目，特别是销货人姓名、地址、身份证号等项目。凡项目填写不全或填写不清楚的，一律不予抵扣进项税额。

为了保证增值税链条的完整性，增值税一般纳税人可凭自行开具的有抵扣联的收购发票上注明的价款和10%的扣除率计算抵扣进项税额。

但是针对蔬菜，财税〔2011〕137号《关于免征蔬菜流通环节增值税有关问题的通知》有特殊规定：

经国务院批准，自2012年1月1日起，免征蔬菜流通环节增值税。

一、对从事蔬菜批发、零售的纳税人销售的蔬菜免征增值税。

蔬菜是指可作副食的草本、木本植物，包括各种蔬菜、菌类植物和少数可作副食的木本植物。

经挑选、清洗、切分、晾晒、包装、脱水、冷藏、冷冻等工序加工的蔬菜，属于本通知所述蔬菜的范围。

各种蔬菜罐头不属于本通知所述蔬菜的范围。蔬菜罐头是指蔬菜经处理、装罐、密封、杀菌或无菌包装而制成的食品。

二、纳税人既销售蔬菜又销售其他增值税应税货物的，应分别核算蔬菜和其他增值税应税货物的销售额；未分别核算的，不得享受蔬菜增值税免税政策。

同时，《中华人民共和国增值税暂行条例》第十条规定，用于非增值税应税项目、免征增值税项目、集体福利或者个人消费的购进货物或者应税劳务的进项税额不得从销项税额中抵扣。

因此，自2012年1月1日起，销售蔬菜为免征增值税项目，其相应的进项税额不得抵扣。

做中学

签发转账支票

5日，从广宇市天源包装公司购入大、中、小三种包装袋，数量各2 000个，不含税单价分别为0.30元、0.20元、0.10元，以备销售商品时使用。取得增值税专用发票，验收入库，并签发转账支票（支票号码：08765600）一张，结清货款。

1. 取得增值税专用发票（见图4-2-23和图4-2-24）。

3100061140　　山东省增值税专用发票

发票联

全国统一发票监制　国家税务总局监制

№ 87654321

开票日期：2019 年 07 月 05 日

购货单位	名　　称：广宇诚信有限责任公司 纳税人识别号：370602663546373 地址、电话：广宇市海华路 18 号 0651-3344556 开户行及账号：农行广宇分行 37001666660050152773	密码区	60040186+982<79+7><2 7<0377>+7<8*2>>53010_ /2<8<68*45*-/8>41716* 80/250<7989*7>50+>>54

加密版本：11　1100044140　87654321

货物或应税劳务名称	规格型号	单位	数量	单价	金额	税率	税额
包装袋	大	个	2000	0.30	600	13%	78.00
包装袋	中	个	2000	0.20	400	13%	52.00
包装袋	小	个	2000	0.10	200	13%	26.00
合　计					¥1200.00		¥156.00
价税合计（大写）	人民币壹仟叁佰伍拾陆元整					（小写）¥1356.00	

销货单位	名　　称：广宇市天源包装公司 纳税人识别号：370602663546478 地址、电话：广宇市天圣路 10 号 0651-6677888 开户行及账号：中行广宇分行 4563516206013716082	备注	广宇市天源包装公司 370602663546478 发票专用章

收款人：　　复核：　　开票人：张霞　　销货单位：（章）

第二联　发票联　购货方记账凭证

图4-2-23

3100061140　　山东省增值税专用发票

抵扣联

全国统一发票监制　国家税务总局监制

№ 87654321

开票日期：2019 年 07 月 05 日

购货单位	名　　称：广宇诚信有限责任公司 纳税人识别号：370602663546373 地址、电话：广宇市海华路 18 号 0651-3344556 开户行及账号：农行广宇分行 37001666660050152773	密码区	60040186+982<79+7><2 7<0377>+7<8*2>>53010_ /2<8<68*45*-/8>41716* 80/250<7989*7>50+>>54

加密版本：11　1100044140　87654321

货物或应税劳务名称	规格型号	单位	数量	单价	金额	税率	税额
包装袋	大	个	2000	0.30	600	13%	78.00
包装袋	中	个	2000	0.20	400	13%	52.00
包装袋	小	个	2000	0.10	200	13%	26.00
合　计					¥1200.00		¥156.00
价税合计（大写）	人民币壹仟叁佰伍拾陆元整					（小写）¥1356.00	

销货单位	名　　称：广宇市天源包装公司 纳税人识别号：370602663546478 地址、电话：广宇市天圣路 10 号 0651-6677888 开户行及账号：中行广宇分行 4563516206013716082	备注	广宇市天源包装公司 370602663546478 发票专用章

收款人：　　复核：　　开票人：张霞　　销货单位：（章）

第三联　抵扣联　购货方扣税凭证

图4-2-24

2. 相关部门填开入库单（见图4-2-25）。

入库单

2019 年 07 月 05 日　　**供货单位（个人）：** 广宇市天源包装公司　　**NO.** 0512465

品　名	规　格	单　位	数　量	单　价	金　额	备　注
包装袋	大	个	2000	0.30	600.00	
包装袋	中	个	2000	0.20	400.00	
包装袋	小	个	2000	0.10	200.00	
合　计					￥1200.00	

第三联记账联

送货人:　　保管员:　　制单:

图4-2-25

3. 签发转账支票（见图4-2-26）。

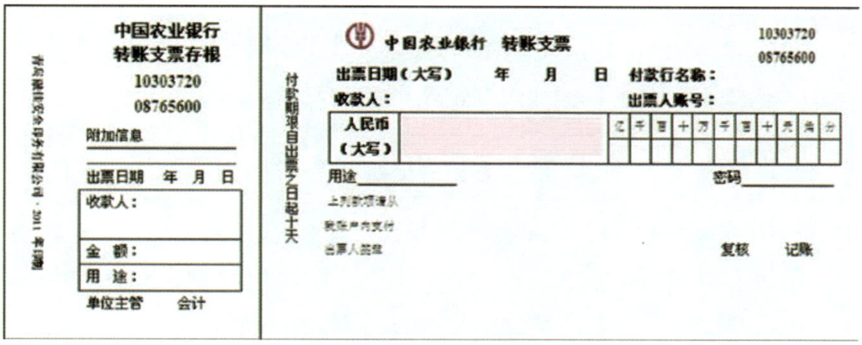
中国农业银行
转账支票存根
10303720
08765600
附加信息
出票日期　年　月　日
收款人：
金　额：
用　途：
单位主管　会计

付款期限自出票之日起十天

中国农业银行　转账支票　10303720 08765600
出票日期（大写）　年　月　日　付款行名称：
收款人：　出票人账号：
人民币（大写）　亿 千 百 十 万 千 百 十 元 角 分
用途　密码
上列款项请从
我账户内支付
出票人签章
复核　记账

图4-2-26

4. 同时登记支票领用登记簿（见图4-2-27）。

支票领用登记簿

支票类别：转账支票　　年　月　日

年		支票号码	摘要	金额										领用人签字	备注
月	日			千	百	十	万	千	百	十	元	角	分		

图4-2-27

5. 编制记账凭证（见图4-2-28）。

付款凭证

贷方科目：银行存款　　2019 年　07月 05 日　　银 付字第 4 号

摘要	借方科目	明细科目	记账	千	百	十	万	千	百	十	元	角	分
购入包装物	销售费用	包装费						1	2	0	0	0	0
进项税	应交税费	增值税（进项税额）							1	5	6	0	0
合计							¥	1	3	5	6	0	0

附单据 3 张

会计主管：　记账：　复核：　出纳：　制单：

图4-2-28

思考与训练

假设购买的包装袋为行政管理部门所使用，该如何做会计分录？

登记日记账

出纳员根据审核无误的记账凭证登记日记账。

根据广宇诚信有限责任公司发生的上述业务编制的记账凭证登记现金日记账（期初余额467.98元，见图4-2-29）和银行存款日记账（期初余额213 504.00元，见图4-2-30）。

现金日记账

第　页

2019年		凭证编号	摘要	对方科目	借方										√	贷方										√	余额									
月	日				千	百	十	万	千	百	十	元	角	分		千	百	十	万	千	百	十	元	角	分		千	百	十	万	千	百	十	元	角	分
7	5		期初余额																													4	6	7	9	8

图4-2-29

银行存款日记账

第　页

2019年 月	日	凭证编号	结算方式 类	号码	摘　要	借方 千百十万千百十元角分	√	贷方 千百十万千百十元角分	√	余额 千百十万千百十元角分
7	5				期初余额					21350400

图4–2–30

知识链接

一、登记账簿相关要求

（1）必须以审核无误的记账凭证为依据，将凭证的日期、编号、摘要、金额和其他有关资料逐项登记入账，做到登记及时、字迹工整。

（2）每一笔经济业务记账完毕，要在记账凭证上签名或盖章，并用“√”表示已经记账，防止重记、漏记。

（3）登记账簿必须使用碳素墨水笔书写，不得使用圆珠笔或者铅笔书写。

（4）账簿中的文字和数字应紧靠本行底线书写，不占满格，只占格距的1/2。

（5）各种账簿应按页次顺序连续登记，不得跳行、隔页。如果发生跳行、隔页，应当将空行、空页划线注销，或者注明“此行空白”“此页空白”字样，并由记账人员签名或盖章。

（6）凡需要结出余额的账户，结出余额后，在“借或贷”栏内注明“借”或“贷”字样。没有余额时，注明“平”字样，并在余额栏的元位上用“σ”表示。

（7）每一账页登记完毕结转下页时，应在本账页最后一行摘要栏注明“过次页”，结出本账页借、贷发生额合计和余额，并过入下一账页第一行，且在其摘要栏注明“承前页”。

二、登记银行存款日记账并结账

银行存款日记账由出纳员根据与银行存款收付的有关记账凭证，按时间顺序逐日逐笔进行登记，一般采取三栏式的账页格式。

（1）日期栏：登记银行存款的实际收付日期，一般与记账所依据的记账凭证的日期一致。

（2）凭证编号栏：登记记账凭证的种类和编号。

（3）结算方式栏：注明。

（4）摘要栏：摘录经济业务的要点，文字要简练，说明要清晰。

（5）对方科目栏：登记银行存款的对应科目（有的账页无此项）。

（6）借方栏：登记银行存款收入的数额。

（7）贷方栏：登记银行存款支出的数额。

（8）余额栏：逐日结出银行存款结存的数额。

（9）每项经济业务登记入账后，还应逐项检查登记有无差错，包括账户名称、日期、凭证编号、摘要、金额等。确认无误后，在记账凭证的“记账”栏内打“√”，表示该科目已登记入账，并在记账凭证上签章，以明确经济责任。

（10）月结的步骤如下：

①在最后一笔业务记录下面通栏划一单红线。

②在红线下面的一行摘要栏内注明“本月合计”，并分别在本行的“借方”“贷方”“余额”栏内计算出当月的借方发生额合计、贷方发生额合计和期末余额。

③在“本月合计”一行下面通栏划一单红线，表示本月结账完毕。

做中学

背书转让转账支票

6日，广宇市天源包装公司将从广宇诚信有限责任公司取得的转账支票1 356元背书转让给广宇市百纳包装材料厂，支付前欠货款。

1. 广宇市天源包装公司将转账支票背书转让给广宇市百纳包装材料厂（见图4-2-31）。

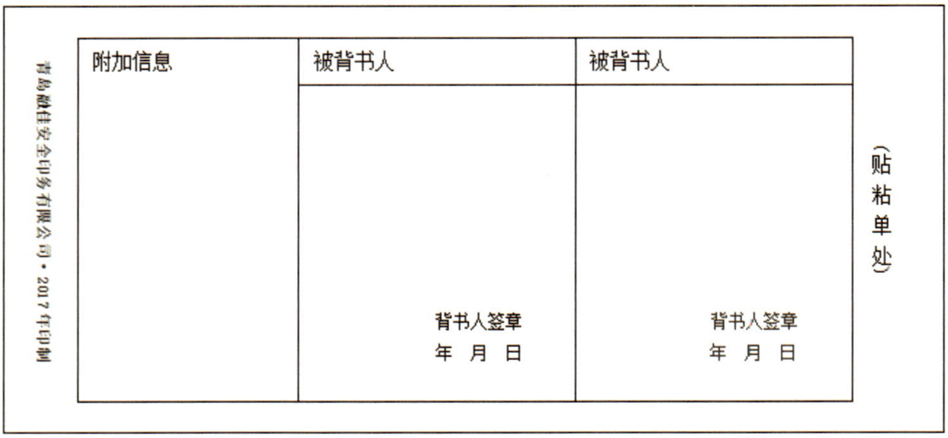
青岛融佳安全印务有限公司·2017年印制

附加信息	被背书人	被背书人
	背书人签章 年 月 日	背书人签章 年 月 日

（贴粘单处）

图4-2-31

2．广宇市百纳包装材料厂开具收据，并转交给广宇市天源包装公司（见图4-2-32）。

收　　据

2019年 07月 06日　　　　No 000123

今收到：广宇市天源包装公司

交　来　前欠货款

人民币（大写）壹仟叁佰伍拾陆元整　　¥ 1356.00

收款单位（盖章）广宇市百纳包装材料厂 财务专用章　收款人：白娜　缴款人：

第二联 收据

图4-2-32

3．广宇市天源包装公司编制记账凭证（见图4-2-33）。

转账凭证

2019年07月06日　　　　转字第　　号

摘　要	总账科目	明细科目	记账	借方金额										记账	贷方金额									
				千	百	十	万	千	百	十	元	角	分		千	百	十	万	千	百	十	元	角	分
支付货款	应付账款	广宇市百纳包装材料厂						1	3	5	6	0	0											
收到货款	应收账款	广宇诚信有限责任公司																	1	3	5	6	0	0
合　　　计							¥	1	3	5	6	0	0					¥	1	3	5	6	0	0

会计主管：　记账：　复核：　出纳：　制单：

图4-2-33

三、票据转让背书

票据转让背书，指持票人以转让票据权利为目的、在票据背面签章并做必要的记载，是一种票据行为。背书转让一经成立，即发生法律效力。

在票据背面，通常事先印制好若干背书栏的位置，留出背书人及被背书人的空白，供背书人进行背书时填写。《票据法》一般不限制进行背书的次数，在背书栏或票据背面写满时，可以在票据上粘贴"粘单"进行背书。

背书应当由背书人签章并记载背书日期。如果未记载背书日期，视为在票据到期日前背书。背书还必须记载被背书人名称（见图4-2-34）。

第一次背书	第二次背书	第三次背书	第四次背书	第五次背书
被背书人B	被背书人C	被背书人D	被背书人E	被背书人F
背书人A签章 年　月　日	背书人B签章 年　月　日	背书人C签章 年　月　日	背书人D签章 年　月　日	背书人E签章 年　月　日

图4-2-34

做中学

委托银行收款

7日，广宇市百纳包装材料厂出纳员将从广宇市天源包装公司收到的转账支票（1 356元）背书和填制好的银行进账单交给开户银行，委托银行收款，并取得银行回单。

1. 广宇市百纳包装材料厂背书转账支票，委托银行收款（见图4-2-35）。

附加信息	被背书人	被背书人
	背书人签章 年　月　日	背书人签章 年　月　日

（贴粘单处）

图4-2-35

2. 广宇市百纳包装材料厂填制银行进账单（见图4-2-36）。

中国工商银行　进账单（回　单）　1

年　月　日

出票人	全　称		收款人	全　称	
	账　号			账　号	
	开户银行			开户银行	
金额	人民币（大写）				亿 千 百 十 万 千 百 十 元 角 分
票据种类		票据张数			
票据号码					
复核　记账			收款人开户银行签章		

此联是收款人开户银行交给持（出）票人的回单

图4-2-36

3. 广宇市百纳包装材料厂编制记账凭证（见图4-2-37）。

收款凭证

借方科目：银行存款　　2019年 07月 07日　　银 收字第 XX 号

摘要	贷方科目	明细科目	记账	金额千	百	十	万	千	百	十	元	角	分
收回往来款	应收账款	广宇市天源包装公司						1	3	5	6	0	0
合计							¥	1	3	5	6	0	0

附单据 2 张

会计主管　　记账　　复核　　出纳　　制单 石丹

图4-2-37

思考与训练

分组讨论银行收款凭证与银行付款凭证在格式和内容上有什么不同，并将讨论结果写下来。

四、委托收款背书

委托收款背书是指持票人以行使票据上的权利为目的，而授予被背书人以代理权的背书。该背书方式不以转让票据权利为目的，而是以授予他人一定的代理权为目的，其确立的法律关系不属于票据上的权利的转让与被转让的关系，而是背书人（原持票人）与被背书人之间在民法上的代理关系。该关系形成后，被背书人可以代理行使票据上的一切权利。在此情形下，被背书人只是代理人，而未取得票据权利，背书人仍是票据权利人。

背书人（原持票人）做委托收款背书时，应在票据背面的背书栏内：

（1）签章加盖预留银行印鉴。

（2）清晰记载“委托收款”字样，表明委托收款的意思。

（3）记载被背书人名称，即委托人的开户行。

（4）填写背书日期。

想一想　办理上述业务会涉及哪些关联方和人员？你学会准确地处理相关业务了吗？

思考与训练

【目的】练习支票结算业务的处理。

2019年1月，济南麦客隆有限公司发生下列经济业务，假设你是出纳员丛颖（身份证号：370102198507284516），请填制相关原始凭证，并进行相关业务处理。

10日，济南麦客隆有限公司提取现金8 000元备用。

1. 签发现金支票（见图4-2-38和图4-2-39）。

中国银行
现金支票存根
10401610
04301200
附加信息
出票日期 年 月 日
收款人：
金 额：
用 途：
单位主管 会计

付款期限自出票之日起十天

中国银行 BANK OF CHINA 现金支票 10401610 04301200
出票日期（大写） 年 月 日 付款行名称：中国银行济南分行
收款人： 出票人账号：2060456351371682160
人民币（大写） 亿 千 百 十 万 千 百 十 元 角 分
用途 密码
上列款项请从
我账户内支付
出票人签章 复核 记账

图4-2-38

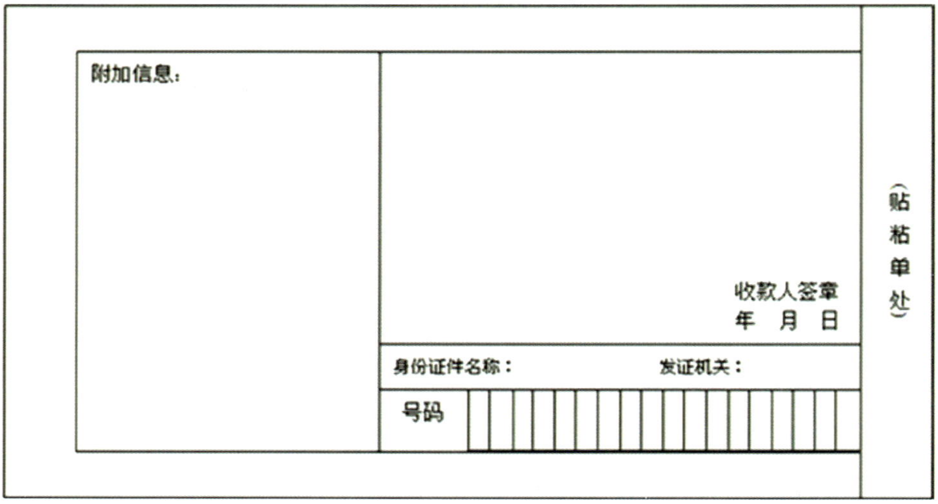
附加信息：
收款人签章
年 月 日
身份证件名称： 发证机关：
号码
（贴粘单处）

图4-2-39

2. 登记支票领用登记簿（见图4-2-40）。

支票领用登记簿

支票类别：现金支票　　　　年　月　日

2019年		支票号码	摘要	金额										领用人签字	备注
月	日			千	百	十	万	千	百	十	元	角	分		

图4-2-40

3. 根据审核无误的原始凭证编制记账凭证（见图4-2-41）。

付款凭证

贷方科目：　　　　年　月　日　　　　付字第　号

摘　要	借方科目	明细科目	记账	金　额									
				千	百	十	万	千	百	十	元	角	分
合　计													

附单据　张

会计主管：　记账：　复核：　出纳：　制单：

图4-2-41

13日，济南麦客隆有限公司用转账支票支付济南电视台广告费3 760元。

1. 签发转账支票（见图4-2-42）。

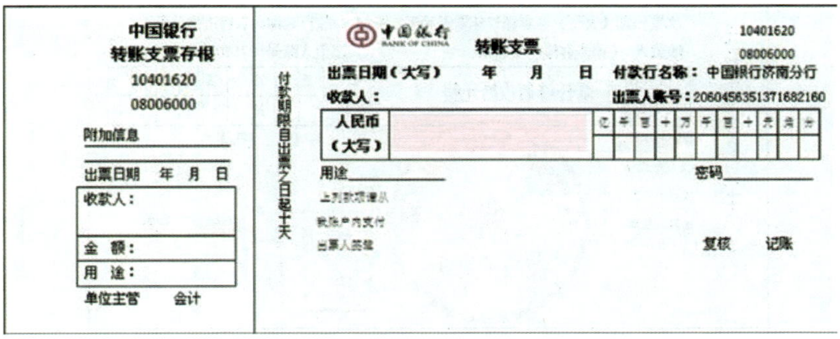

图4-2-42

2. 登记支票领用登记簿（见图4-2-43）。

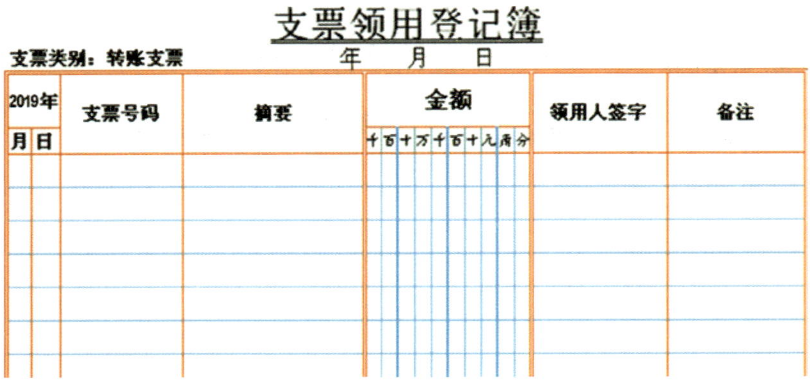

支票领用登记簿

支票类别：转账支票　　　　年　月　日

2019年		支票号码	摘要	金额									领用人签字	备注
月	日			千	百	十	万	千	百	十	元	角	分		

图4-2-43

3. 根据审核无误的原始凭证编制记账凭证（见图4-2-44）。

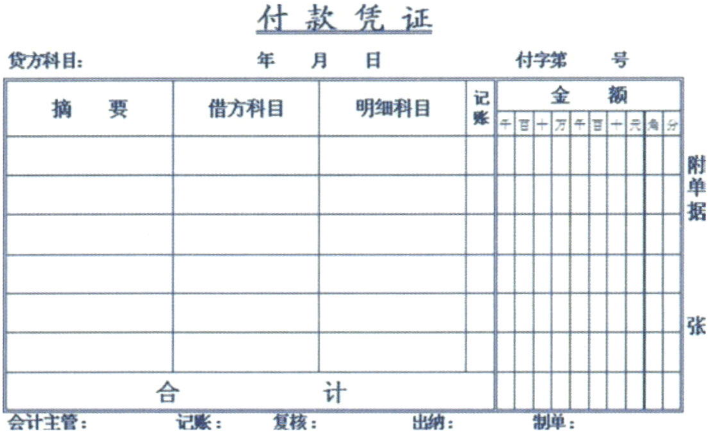

付款凭证

贷方科目：　　　　年　月　日　　　　付字第　号

摘　要	借方科目	明细科目	记账	金额									
				千	百	十	万	千	百	十	元	角	分
合　计													

附单据　张

会计主管：　记账：　复核：　出纳：　制单：

图4-2-44

17日，收到济南新华服饰有限公司签发的转账支票一张，金额为6 490元，归还前欠货款，交存银行。

1. 收到转账支票正联（见图4-2-45）。

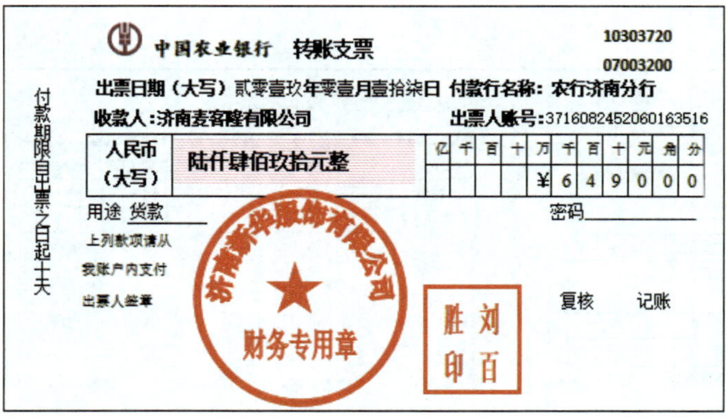

中国农业银行　转账支票　10303720　07003200

出票日期（大写）贰零壹玖年零壹月壹拾柒日　付款行名称：农行济南分行

收款人：济南麦客隆有限公司　出票人账号：371608245206016351６

人民币（大写）	陆仟肆佰玖拾元整	亿	千	百	十	万	千	百	十	元	角	分
						¥	6	4	9	0	0	0

付款期限自出票之日起十天

用途 货款　　密码

上列款项请从我账户内支付

出票人签章　　复核　记账

图4-2-45

2. 转账支票背书，委托银行收款，填制银行进账单（见图4-2-46和图4-2-47）。

附加信息	被背书人	被背书人	
	背书人签章 年 月 日	背书人签章 年 月 日	（贴粘单处）

图4-2-46

中国银行进账单（回 单） 1

年 月 日

出票人	全 称		收款人	全 称	
	账 号			账 号	
	开户银行			开户银行	

金额	人民币（大写）	亿	千	百	十	万	千	百	十	元	角	分

票据种类		票据张数		
票据号码				
复核 记账				收款人开户银行签章

此联是开户银行交给持（出）票人的回单

图4-2-47

3. 根据审核无误的原始凭证编制记账凭证（见图4-2-48）。

收款凭证

借方科目： 年 月 日 收字第 号

摘 要	贷方科目	明细科目	记账	千	百	十	万	千	百	十	元	角	分
合 计													

附单据 张

会计主管： 记账： 复核： 出纳： 制单：

图4-2-48

19日，收到济南新华服饰有限公司签发的转账支票一张，预付货款金额为13 000元。同日，将其背书转让给济南华丽材料有限公司。

1. 收到转账支票正联（见图4-2-49）。

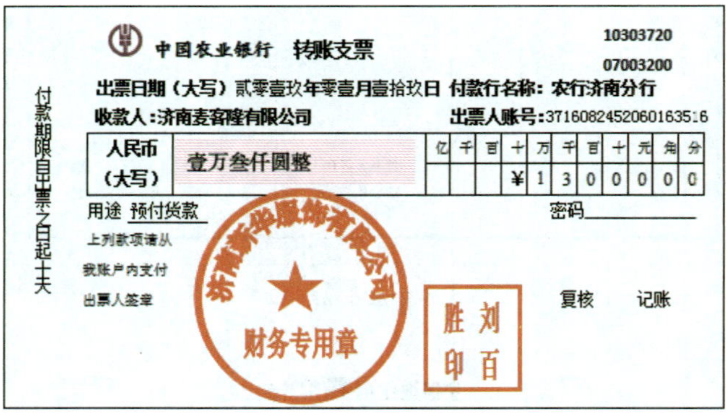

图4-2-49

2. 填开收据，收据联转给济南新华服饰有限公司，记账联自留作原始凭证（见图4-2-50）。

图4-2-50

3. 同日，支票背书转让给济南华丽材料有限公司（见图4-2-51）。

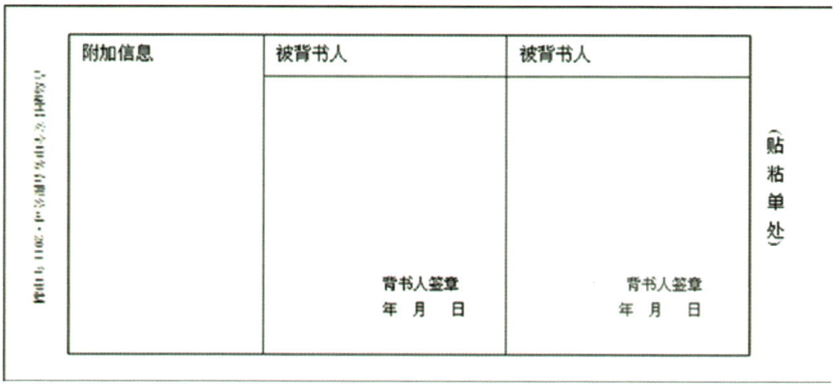

图4-2-51

4. 取得济南华丽材料有限公司填开的收据（见图4-2-52）。

收　　据

年　月　日　　　　No 210233

今收到：________________

交　来________________________________

人民币（大写）________________　¥__________

收款单位（盖章）　　收款人：　　缴款人：

第二联 收据

图4-2-52

5. 根据审核无误的原始凭证编制记账凭证（见图4-2-53）。

转 账 凭 证

年　月　日　　　　转字第　　号

摘　要	总账科目	明细科目	记账	借方金额										记账	贷方金额									
				千	百	十	万	千	百	十	元	角	分		千	百	十	万	千	百	十	元	角	分
合　　计																								

附单据　　张

会计主管：　　记账：　　复核：　　出纳：　　制单：

图4-2-53

活动三　归纳总结

学完活动二，我们对于处理支票结算业务有了全面的理解与掌握，下面介绍收款方和付款方的业务流程。

知识链接

一、签发现金支票的业务流程

（1）出纳员根据业务需要或相关部门及人员的申请、审批单填写现金支票。按规定正确填写现金支票的正面和背面，并由印鉴保管员加盖预留银行印鉴。注意签发支票的同时需登记支票领用登记簿。

（2）出纳员将填好的现金支票从骑缝线处裁剪，将支票正联交给银行，提取现金；将存根联作为提取现金的自制原始凭证。

（3）出纳员或会计员根据现金支票存根联编制记账凭证。

（4）出纳员根据审核无误的记账凭证登记现金日记账、银行存款日记账。

二、付款方签发转账支票的业务流程

（1）出纳员根据相关部门及人员的申请、审批单填写转账支票。按规定正确填写转账支票的正面，并由印鉴保管员在支票正面加盖预留银行印鉴。注意签发支票的同时需登记支票领用登记簿。

（2）出纳员将填好的转账支票从骑缝线处裁剪，将支票正联交给收款单位（客户），办理转账；将存根联作为转账的自制原始凭证。

（3）出纳员或会计员根据转账支票存根联、发票及相关原始凭证编制记账凭证。

（4）出纳员根据审核无误的记账凭证登记银行存款日记账。

三、收款方办理转账的业务流程

（1）出纳员审核收到的转账支票。注意审核的内容有：支票收款人或被背书人是不是本单位；支票签发日期是否在付款期内；大小写金额是否一致；背书是否连续，有无“不得转让”字样；盖章是否齐全、清晰；大小写金额、出票日期和收款人名称有无更改。

（2）出纳员将审核无误的转账支票传递给印鉴保管员，由其在支票背面加盖预留银行印鉴。

（3）出纳员根据收到的转账支票正联填制一式三联银行进账单。

（4）出纳员将转账支票正联和填制好的银行进账单一并送交开户银行，委托银行收款。

（5）出纳员或会计员根据取得的银行进账单回单编制记账凭证。

（6）出纳员根据审核无误的记账凭证登记银行存款日记账。

活动四　实践练习

联系实际，分组设计转账业务，组内成员分别扮演出票人、银行、收款人，完成转账支票办理收付结算的整个业务流程。

任务三　处理银行汇票结算业务

任务目标

知识目标：认知银行汇票的记载事项、结算特点及其审核内容；学做相关账务处理。

能力目标：填写相关原始凭证，会办理银行汇票结算业务；学会相关账务处理。

素养目标：认知银行汇票并能准确运用；明白银行汇票结算的业务流程。

知识结构图

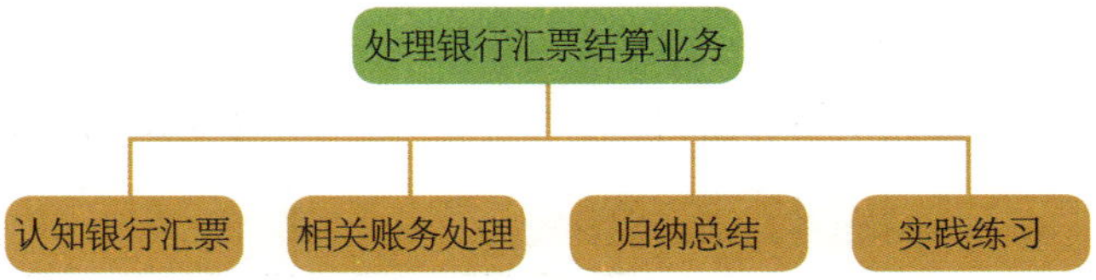

活动一　认知银行汇票

银行汇票是指由出票银行签发的，由其在见票时按照实际结算金额无条件支付给收款人或持票人的票据。

搜一搜　了解银行汇票票样的联次，写出各联次的名称。

知识链接

一、银行汇票一式四联

第一联：卡片联，由签发银行保管。

第二联：银行汇票联，与第三联解讫通知由汇票申请人自带，一并交给汇票上记明的收款人。

第三联：解讫通知。

第四联：多余款收账通知，在签发银行结清后交给汇款人（见图4-3-1至图4-3-4）。

付款期限 壹 个 月

中国农业银行　　第 00009801 号

银行汇票（卡片）　1

出票日期（大写）贰零壹玖年 零玖月 零玖日　　代理付款行：　　行号：

收款人：烟台宝宝乐食品有限公司　　账号：6227003231810481715

出票金额 人民币（大写） 伍万元整

实际结算金额 人民币（大写）	千	百	十	万	千	百	十	元	角	分

申请人：济南振兴超市　　账号：6228480261778721216

出票行：中国农业银行历城支行　行号：4558

备注：购货款

复核　　经办　　复核　　记账

此联出票行结清汇票时作汇出汇款借方凭证

图4-3-1

付款期限 壹 个 月

中国农业银行　　第 00009801 号

银行汇票　2

出票日期（大写）贰零壹玖年 零玖月 零玖日　　代理付款行：　　行号：

收款人：烟台宝宝乐食品有限公司　　账号：6227003231810481715

出票金额 人民币（大写） 伍万元整

实际结算金额 人民币（大写）	千	百	十	万	千	百	十	元	角	分

申请人：济南振兴超市　　账号：6228480261778721216

出票行：中国农业银行历城支行　行号：4558

备注：购货款

凭票付款

出票行签章

中国农业银行历城支行 2019.09.09 汇票专用章

李城

密押：

多余金额：

千	百	十	万	千	百	十	元	角	分

此联代理付款行付款后作联行往账借方凭证附件

图4-3-2

付款期限
壹 个 月

中国农业银行

银行汇票 （解讫通知） 3

第 00009801 号

出票日期（大写） 贰零壹玖年 零玖月 零玖日　　代理付款行：　　行号：

收款人：烟台宝宝乐食品有限公司		账号：6227003231810481715	
出票金额	人民币（大写）	伍万元整	
实际结算金额	人民币（大写）		

千	百	十	万	千	百	十	元	角	分

申请人：济南振兴超市　　账号：6228480261778721216

出票行：中国农业银行历城支行　行号：4558

备注：购货款

代理付款行签章

复核　　经办

密押：									
多余金额									
千	百	十	万	千	百	十	元	角	分

复核　　记账

此联代理付款行兑付后随报单寄出票行由出票行作多余款贷方凭证

图4-3-3

付款期限
壹 个 月

中国农业银行

银行汇票 （多余款收账通知） 4

第 00009801 号

出票日期（大写） 贰零壹玖年零玖月零玖日　　代理付款行：　　行号：

收款人：烟台宝宝乐食品有限公司		账号：6227003231810481715	
出票金额	人民币（大写）	伍万元整	
实际结算金额	人民币（大写）	肆万玖仟壹佰元整	

千	百	十	万	千	百	十	元	角	分
		¥	4	9	1	0	0	0	0

申请人：济南振兴超市　　账号：6228480261778721216

出票行：中国农业银行历城支行　行号：4558

备注：购货款

出票行签章

中国农业银行
烟[illegible]路支行
2019.09.19
转讫

密押：									
多余金额：									
千	百	十	万	千	百	十	元	角	分
				¥	9	0	0	0	0

左列退回多余金额已收入你账户内

此联出票行结清多余款后交申请人

图4-3-4

看一看 对照银行汇票四联票样，比较一下各联次的不同，试着找出银行汇票的记载内容。

二、银行汇票的相关记载事项

（1）标明“银行汇票”字样：申请人或收款人为单位的，不得使用标明“现金”字样的银行汇票。

（2）无条件支付的承诺：凭票付款。

（3）出票日期：大写。

（4）申请人：向出票银行提交银行汇票申请书的单位或个人，也就是实际结算关系的付款人。

（5）收款人及账号：银行汇票申请书填明的收款人的名称及银行账号。

（6）代理付款行及行号：代理本系统出票银行或跨系统签约银行审核支付汇票款项的银行名称及其行号。

签发转账银行汇票，一般不得填写代理付款行名称。不指定代理付款行，是为了方便银行汇票的背书转让和流通。

签发现金银行汇票，申请人和收款人均应为个人。在银行汇票“出票金额”栏上先填明“现金”字样，后填出票金额，并填写代理付款行名称。

（7）出票金额：银行汇票申请书填明的汇票金额。出票银行受理银行汇票申请书，收妥款项后签发银行汇票，并用压数机压印出票金额。

（8）实际结算金额：不超过出票金额。

（9）多余金额：实际结算金额低于出票金额的部分，由出票银行退交申请人。

（10）出票行：受理申请人的申请，签发银行汇票的银行机构，是银行汇票的付款人。

（11）出票行签章：出票银行在汇票上的签章，应为经中国人民银行批准使用的该银行汇票专用章加其法定代表人或授权经办人的签名或盖章。

三、相关常识及注意事项

（1）银行汇票见票即付，提示付款期为自出票之日起一个月。持票人超过提示付款限付款的，代理付款行不予受理。提示付款期，是指从签发之日起到办理兑付之日止的时期。

这里所说的一个月，是指从签发之日开始，不论大小月，统一到下月对应日期上的一个月，例如：某银行汇票的签发之日为4月9日，则提示付款期到5月9日为止。如果到期日遇节假日，可以顺延。

（2）收款人未填明实际结算金额和多余金额或实际结算金额超过出票金额的，银行不予受理。

（3）银行汇票可以背书转让，背书必须连续。但标明“现金”字样的银行汇票不得背书转让。

（4）持票人向银行提示付款时，必须同时提交银行汇票和解讫通知，缺少任何一联，银行不予受理。同时持票人应在银行汇票背面“持票人向银行提示付款签章”处签章，签章须与预留银行印鉴相同。

（5）标明“现金”字样和代理付款行的银行汇票丧失，可以由失票人通知付款人或者代理付款人挂失止付。

未标明“现金”字样和代理付款行的银行汇票丧失，不得挂失止付，失票人可凭人民法院出具的其享有票据权利的证明向出票银行请求付款或退款。

练一练

请在作业本上分别画出下列空白样本：

（1）银行汇票第二联。

（2）银行汇票第四联。

活动二　相关账务处理

银行汇票适用于单位和个人在异地、同城或统一票据交换区域的各种款项结算。

知识链接

银行汇票结算方式的特点

（1）适用范围广。银行汇票通常是异地结算中采用较为广泛的一种结算方式，可以用于转账结算，标明“现金”字样的银行汇票也可以提取现金。

（2）票随人走，钱货两清。有利于单位和个人的急需用款，可由采购人携带至异地办理采购付款，销货单位验票发货，一手交票、一手交货。同时也可避免不合理的预付款，做到款项一次结清。

（3）信用度高，安全可靠。购货单位作为银行汇票的申请人，银行收妥款项后才签发支付凭证。银行承诺见票付款，收款人持有票据，可以安全、及时地到银行提取款项。

（4）使用灵活，适应性强。持票人可以将汇票背书转让给销货单位，也可以通过银行办理分次支取或转让。

（5）结算准确，余款自动退回。一般来讲，购货单位在交易之初很难确定具体购货金额，为防止出现汇多用少的情况，大多采用银行汇票结算方式。因为凡在银行汇票的出票金额之内的，可根据实际采购金额办理结算，多余款项将由银行自动退回。

银行汇票结算程序如图4−3−5所示。

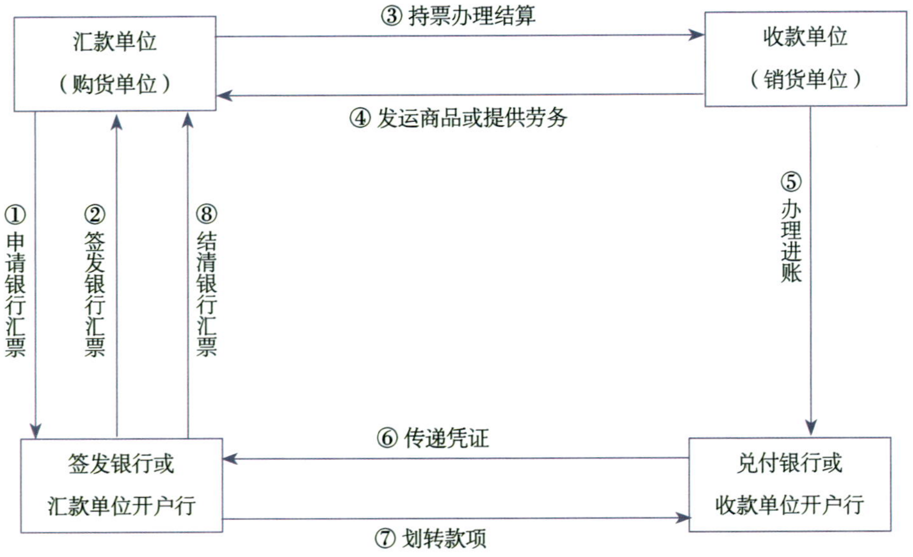

图4−3−5

做中学

广宇诚信有限责任公司因业务扩展，急需购入10个收银柜台，预计采购资金需要7.1万元，具体金额难以确定。经与多家供应商询价交流，采购部业务员王大宏决定去天成市龙祥电子科技公司实地考察柜台质量，并详谈采购价格。该供应商提出要求，需要付款才能发货。财务部出纳员宋丽建议办理一张银行汇票，业务员携带银行汇票前往天成市洽谈业务，这样可以减少结算环节，缩短结算资金在途时间，方便购销活动。

你认为宋丽的建议是否合理？为什么业务员不办理一张转账支票并携带前往？

申请、签发银行汇票

2019年7月6日，采购部业务员王大宏接受出纳员宋丽的建议，经部门经理批准，填写资金使用审批单，送交财务部。宋丽接到指示后，填写银行汇票申请书，前去银行办理银行汇票。办理完毕，将银行汇票和解讫通知一并交给王大宏携带出差。

1. 付款方采购部业务员提交资金使用审批单（见图4-3-6）。

资金使用审批单

2019年 07月 06日

部　门	采购部	借款人	王大宏
事　由	采购收银柜台十个		
金　额	人民币（大写） 柒万壹仟元整		
预计还款报销日期	2019年07月08日		¥71000.00
审批意见	同意　胡泽林	借款人签名	王大宏

会计主管：李明华　　　　出纳：宋丽

图4-3-6

2. 出纳员根据资金使用审批单填写好银行汇票申请书，并送交银行（见图4-3-7）。

中国农业银行汇票申请书（存　根）　1　　第　号

申请日期　2019年　07月　06日　　No 4262075

申请人	广宇诚信有限责任公司	收款人	天成市龙祥电子科技公司
账号或住址	37001666660050152773	账号或住址	16370565016627600735
用　途	购收银柜台	代理付款行	
汇票金额	人民币（大写） 柒万壹仟元整		

千	百	十	万	千	百	十	元	角	分
		¥	7	1	0	0	0	0	0

此联申请人留存

备注　　　　科目＿＿＿＿

对方科目＿＿＿＿

财务主管　　复核　　经办

图4-3-7

3. 银行工作人员审核无误后，签发银行汇票（见图4-3-8）。

付款期限 壹 个 月

中国农业银行　　第 00008901 号

银 行 汇 票　　2

出票日期（大写）贰零壹玖年 零柒月 零陆日　　代理付款行：　　行号：

收款人：天成市龙祥电子科技公司　　账号：16370565016627600735

出票金额 人民币（大写）柒万壹仟元整

实际结算金额 人民币（大写）	千	百	十	万	千	百	十	元	角	分

申请人：广宇诚信有限责任公司　　账号：37001666660050152773

出票行：中国农业银行广宇分行　　行号：4115

备注：购货款

凭票付款

出票行签章　中国农业银行广宇分行 2019.07.06 汇票专用章　邝玉

密押：

多余金额：

千	百	十	万	千	百	十	元	角	分

此联代理付款行付款后作联行往账借方凭证附件

图4-3-8

（银行汇票第三联、银行手续费支付凭单略）

想一想　银行工作人员签发完银行汇票后，会将哪些单据交付给出纳员带回单位？

4. 出纳员根据银行汇票申请书回单编制记账凭证（见图4-3-9）。

付 款 凭 证

贷方科目：银行存款　　2019 年 07月 06 日　　银 付字第 5 号

摘要	借方科目	明细科目	记账	千	百	十	万	千	百	十	元	角	分
办理银行汇票	其他货币资金	银行汇票存款					7	1	0	0	0	0	0
合　　计						¥	7	1	0	0	0	0	0

附单据 2 张

会计主管：　记账：　复核：　出纳：　制单：

图4-3-9

异地办理结算

7日，广宇诚信有限责任公司采购部业务员王大宏与天成市龙祥电子科技公司达成协议，购入10个收银柜台，每个单价为6 000元，增值税款7 800元，价税合计为67 800元，取得增值税专用发票。同时将银行汇票和解讫通知交与对方，办理结算。

一、付款方——广宇诚信有限责任公司

1. 取得增值税专用发票，验收入库，编制记账凭证（见图4-3-10至图4-3-12）。

3100061140

山东省增值税专用发票

发 票 联

（全国统一发票监制章 国家税务局监制）

№ 87653210

开票日期：2019 年 07 月 07 日

购货单位	名　　称：广宇诚信有限责任公司 纳税人识别号：370602663546373 地址、电话：广宇市海华路 18 号 0651-3344556 开户行及账号：农行广宇分行 37001666660050152773	密码区	（略）	加密版本:11

货物或应税劳务名称	规格型号	单位	数量	单价	金额	税率	税额
收银柜台	1.1*0.5*0.9	个	10	6000.00	60000.00	13%	7800.00
合计					¥60000.00		¥7800.00
价税合计(大写)	人民币陆万柒仟捌佰元整				（小写）¥67800.00		

销货单位	名　　称：天成市龙祥电子科技公司 纳税人识别号：370502637356463 地址、电话：天成市新海路 23 号 开户行及账号：农行天成分行 16370565016627600735	备注	天成市龙祥电子科技公司 370502637356463 发票专用章

收款人：　　　复核：　　　开票人：　　　销货单位：（章）

图4-3-10

（抵扣联略）

入库单

2019 年 07 月 07日　　供货单位（个人）:天成市龙祥电子科技公司　　NO. 0512465

品 名	规 格	单 位	数 量	单 价	金 额	备 注
收银柜台	1.1*0.5*0.9	个	10	6000.00	60000.00	
合 计					¥60000.00	

第三联 记账联

送货人:　　　保管员:　　　制单:

图4-3-11

转账凭证

2019年 07月 07日　　　　转字第　1　号

摘　要	总账科目	明细科目	记账	借方金额 千	百	十	万	千	百	十	元	角	分	记账	贷方金额 千	百	十	万	千	百	十	元	角	分
购入收银柜台	固定资产	收银柜台					6	0	0	0	0	0	0											
进项税	应交税费	应交增值税（进项税额）						7	8	0	0	0	0											
购入收银柜台	其他货币资金	银行汇票存款																	6	7	8	0	0	0	0
合　　计							¥	6	7	8	0	0	0	0				¥	6	7	8	0	0	0	0

会计主管：　　记账：　　复核：　　出纳：　　制单：

图4-3-12

2. 多余款项入账，编制记账凭证（见图4-3-13和图4-3-14）。

付款期限 壹 个 月

中国银行　　第 00008901 号

银 行 汇 票（多余款收账通知）4

出票日期（大写） 贰零壹玖年 零柒月 零柒 日　　代理付款行：　　行号：

收款人：天成市龙祥电子科技公司　　账号：16370565016627600735

出票金额 人民币（大写） 柒万壹仟元整

实际结算金额	人民币（大写） 陆万柒仟捌佰元整	千	百	十	万	千	百	十	元	角	分
				¥	6	7	8	0	0	0	0

此联出票行结清多余款后交申请人

申请人：广宇诚信有限责任公司　　账号：37001666660050152773

出票行：中国农业银行广宇分行　　行号：4115

备注：购货款

出票行签章

中国农业银行 广宇分行 2019.07.07 转讫

密押：

多余金额：

千	百	十	万	千	百	十	元	角	分
			¥	3	2	0	0	0	0

左列退回多余金额已收入你账户内

图4-3-13

收款凭证

借方科目：银行存款　　2019年 07月 07日　　银 收字第 2 号

摘　要	贷方科目	明细科目	记账	金额（千百十万千百十元角分）
收回多余款项	其他货币资金	银行汇票存款		320000
合　计				￥320000

附单据 2 张

会计主管：　记账：　复核：　出纳：　制单：

图4-3-14

登记日记账

出纳员根据审核无误的记账凭证登记银行存款日记账（见图4-3-15）。请你来完成登记。

银行存款日记账

第　页

2019年 月	日	凭证编号	结算方式 类	号码	摘　要	借方（千百十万千百十元角分）	√	贷方（千百十万千百十元角分）	√	余额（千百十万千百十元角分）
7	1				期初余额					21350400
7	1	银付1	现支	0001	提现金			500000		20850400
7	2	银付2	现支	0002	提现金			3000000		17850400
7	3	银付3	现支	0003	购蔬菜			475000		17375400
7	5	银付4	转支	5600	购包装物			135600		17239800

图4-3-15

知识链接

一、银行汇票的审核内容

收款人收到银行汇票时，应审核下列事项：

（1）银行汇票和解讫通知是否齐全，汇票号码和记载的内容是否一致。

（2）收款人是否确为本单位或本人。

（3）银行汇票是否在提示付款期内。

（4）必须记载的事项是否齐全。

（5）出票人签章是否符合规定，是否有压数机压印的出票金额并与大写出票金额一致。

（6）出票金额、出票日期、收款人名称是否更改，更改的其他记载事项是否由原记载人签章证明。

二、银行汇票结算的相关规定

付款方将银行汇票和解讫通知一并交付给收款方，收款方应该对银行汇票进行审核。

收款方出纳员对付款方交付的银行汇票审查无误后，填写实际结算金额并背书，办理结算。

（1）如果实际结算金额等于出票金额，收款方审核无误后，办理结算即可。

（2）如果实际结算金额小于出票金额，收款方审核无误后，应在出票金额以内根据实际需要的款项办理结算。

（3）未填明实际结算金额和多余金额或实际结算金额大于出票金额的，银行不予受理。

（4）银行汇票的实际结算金额不得更改，更改实际结算金额的银行汇票无效。

二、收款方——天成市龙祥电子科技公司

1. 依据购销合同，填开增值税专用发票（见图4-3-16）。

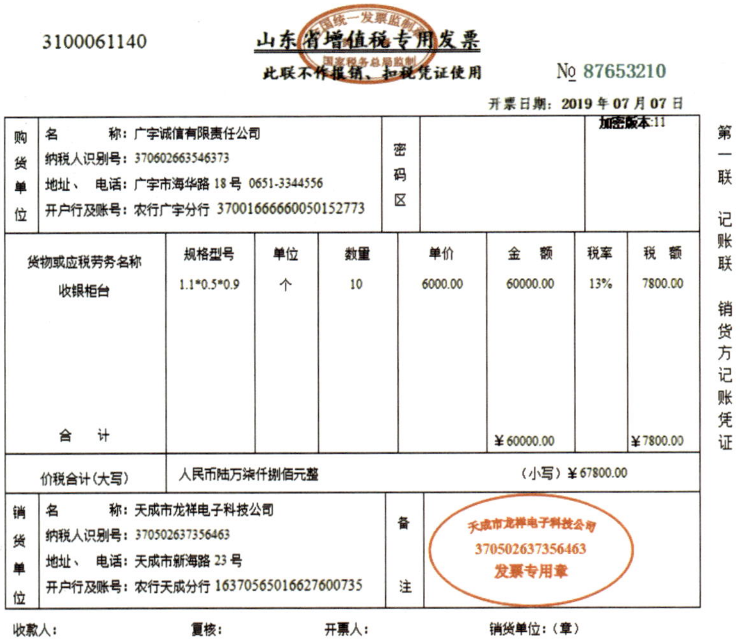

3100061140　　**山东省增值税专用发票**　　№ 87653210

此联不作报销、扣税凭证使用

开票日期：2019 年 07 月 07 日

购货单位	名称：广宇诚信有限责任公司 纳税人识别号：370602663546373 地址、电话：广宇市海华路 18 号 0651-3344556 开户行及账号：农行广宇分行 37001666660050152773	密码区		加密版本：11			
货物或应税劳务名称	规格型号	单位	数量	单价	金额	税率	税额
收银柜台	1.1*0.5*0.9	个	10	6000.00	60000.00	13%	7800.00
合计					¥60000.00		¥7800.00
价税合计（大写）	人民币陆万柒仟捌佰元整			（小写）¥67800.00			
销货单位	名称：天成市龙祥电子科技公司 纳税人识别号：370502637356463 地址、电话：天成市新海路 23 号 开户行及账号：农行天成分行 16370565016627600735	备注	天成市龙祥电子科技公司 370502637356463 发票专用章				

收款人：　　复核：　　开票人：　　销货单位：（章）

第一联 记账联 销货方记账凭证

图4-3-16

2. 收到并审核对方单位（购货方）交来的银行汇票和解讫通知。

3. 填写银行汇票实际结算金额（见图4-3-17）。

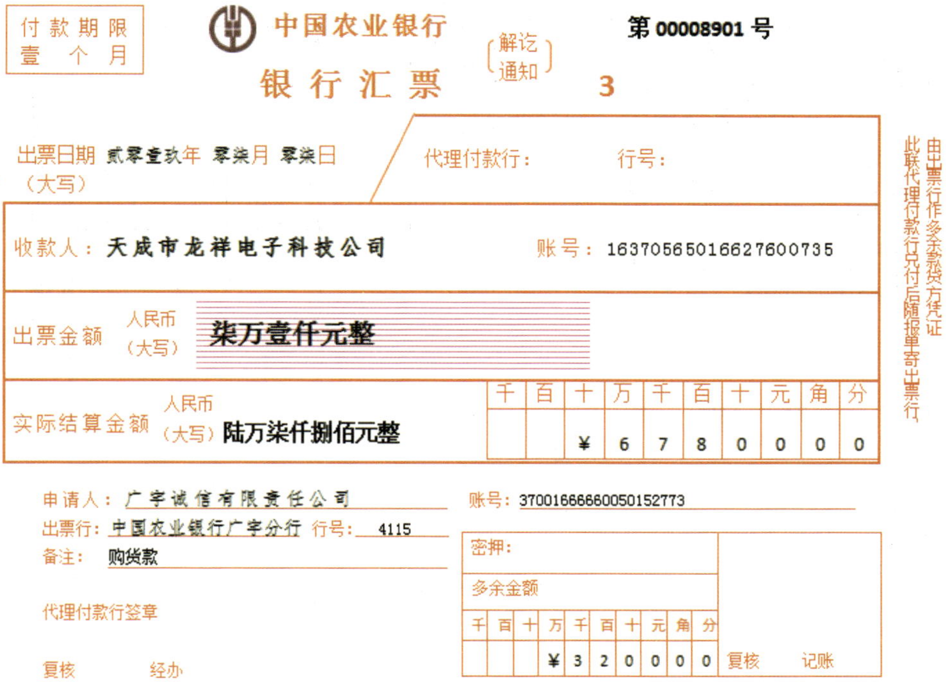

付款期限 壹个月

中国农业银行 银行汇票 （解讫通知） 3

第 00008901 号

出票日期（大写） 贰零壹玖年 零柒月 零柒日

代理付款行： 行号：

收款人：天成市龙祥电子科技公司 账号：16370565016627600735

出票金额 人民币（大写） 柒万壹仟元整

实际结算金额	人民币（大写）陆万柒仟捌佰元整	千	百	十	万	千	百	十	元	角	分
				¥	6	7	8	0	0	0	0

此联代理付款行兑付后随报单寄出票行由出票行作多余款贷方凭证

申请人：广宇诚信有限责任公司 账号：37001666660050152773

出票行：中国农业银行广宇分行 行号：4115

备注：购货款

密押：

多余金额

千	百	十	万	千	百	十	元	角	分
			¥	3	2	0	0	0	0

代理付款行签章

复核 经办

复核 记账

图4-3-17

（银行汇票第二联略）

4. 银行汇票背书，提示付款（见图4-3-18）。

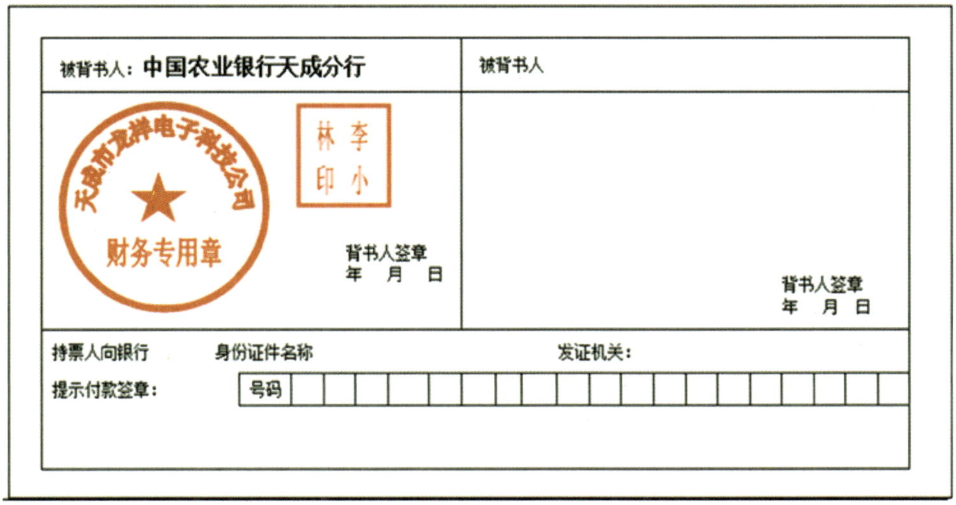

被背书人：中国农业银行天成分行

被背书人

天成市龙祥电子科技公司 财务专用章

李林 小印

背书人签章 年 月 日

背书人签章 年 月 日

持票人向银行 提示付款签章：

身份证件名称 发证机关：

号码

图4-3-18

5. 填写银行进账单，办理结算（见图4-3-19）。

中国农业银行进账单（回 单） 1

2019年 07月 07日

出票人	全 称	广宇诚信有限责任公司	收款人	全 称	天成市龙祥电子科技公司											
	账 号	37001666660050152773		账 号	16370565016627600735											
	开户银行	农行广宇分行		开户银行	农行天成分行											
金额	人民币（大写）**陆万柒仟捌佰元整**					亿	千	百	十	万	千	百	十	元	角	分
									¥	6	7	8	0	0	0	0
票据种类	银行汇票	票据张数	1													
票据号码	00008901															
复核 记账				中国农业银行 天成分行 2019.07.07 转讫 收款人开户银行签章												

此联是开户银行交给持（出）票人的回单

图4-3-19

6. 根据银行进账单回单编制记账凭证（见图4-3-20）。

收 款 凭 证

借方科目：银行存款　　2019年 07月 07日　　银收字第 XX 号

摘 要	贷方科目	明细科目	记账	千	百	十	万	千	百	十	元	角	分
售收银柜台	主营业务收入	收银柜台					6	0	0	0	0	0	0
销项税	应交税费	应交增值税（销项税额）						7	8	0	0	0	0
合 计						¥	6	7	8	0	0	0	0

附单据 2 张

会计主管：　记账：　复核：　出纳：　制单：

图4-3-20

想一想 收款方天成市龙祥电子科技公司会如何登记日记账呢?

思考与训练

【目的】练习银行汇票结算业务的处理。

2019年1月13日，济南麦客隆有限公司拟向德州芳草设备有限公司购买收银机20台，为顺利签订合同，在其开户银行办理50 000元的银行汇票一张，由业务员携带前往洽谈。

请代替收付款双方相关人员办理相关业务，分组讨论完成，并展示成果。

一、付款方——济南麦客隆有限公司

1. 业务员填写资金使用审批单（见图4-3-21）。

资 金 使 用 审 批 单

年　　月　　日

部　门		借款人	
事　由			
金　额	人民币 （大写）		
预计还款报销日期			
审批意见		借款人签　名	

会计主管　　　　　　出纳

图4-3-21

2. 出纳员填制银行汇票申请书（见图4-3-22）。

中国银行汇票申请书（存　根）　1　　第　号

申请日期　　年　　月　　日　　No 2426057

申请人		收款人	
账　号 或住址		账　号 或住址	
用　途		代理付款行	
汇票金额	人民币 （大写）		千 百 十 万 千 百 十 元 角 分

此联申请人留存

备注　　　　　　科目＿＿＿＿＿＿

对方科目＿＿＿＿＿＿

财务主管　　　复核　　　经办

图4-3-22

3. 银行工作人员填制银行汇票（第二联）（见图4-3-23）。

付款期限
壹 个 月

中国银行 第 00008801 号

银行汇票　2

出票日期（大写）　年　月　日	代理付款行：　行号：									
收款人：	账号：									
出票金额　人民币（大写）										
实际结算金额　人民币（大写）	千	百	十	万	千	百	十	元	角	分

申请人：＿＿＿＿＿＿ 账号：＿＿＿＿＿＿

出票行：＿＿＿＿＿＿ 行号：＿＿＿＿＿＿

备注：＿＿＿＿＿＿

凭票付款

出票行签章

密押：										
多余金额：										
千	百	十	万	千	百	十	元	角	分	

此联代理付款行付款后作联行往账借方凭证附件

图4-3-23

（银行汇票第三联、银行手续费支付凭单略）

4. 出纳员取得银行汇票申请书回单，编制记账凭证（见图4-3-24）。

付款凭证

贷方科目：　　年　月　日　　付字第　号

摘　要	借方科目	明细科目	记账	千	百	十	万	千	百	十	元	角	分
合　计													

（金额）　附单据　张

会计主管：　记账：　复核：　出纳：　制单：

图4-3-24

2019年1月15日，济南麦客隆有限公司与德州芳草设备有限公司达成协议，最终收银机以不含税价格2 100元/台成交，使用银行汇票办理结算，取得德州芳草设备有限公司业务部门开具的增值税专用发票。

5. 取得增值税专用发票，验收入库，编制记账凭证（见图4–3–25和图4–3–26）。

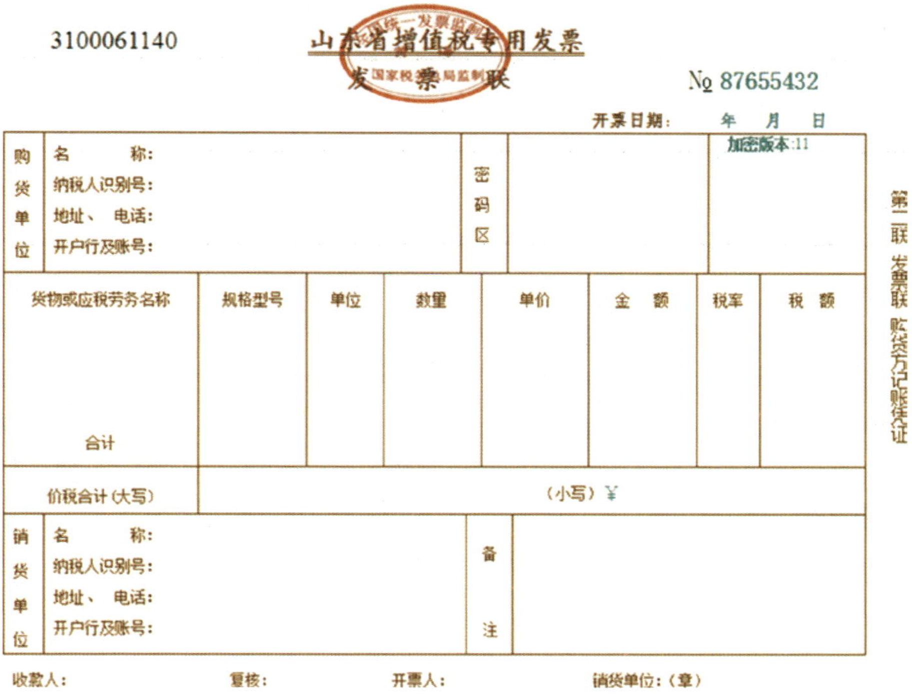

3100061140

山东省增值税专用发票

发票联

№ 87655432

开票日期：　年　月　日

购货单位	名称： 纳税人识别号： 地址、电话： 开户行及账号：	密码区	加密版本:11

货物或应税劳务名称	规格型号	单位	数量	单价	金额	税率	税额
合计							
价税合计（大写）	（小写）￥						

销货单位	名称： 纳税人识别号： 地址、电话： 开户行及账号：	备注	

收款人：　复核：　开票人：　销货单位：（章）

第二联 发票联 购货方记账凭证

图4–3–25

（抵扣联、入库单略）

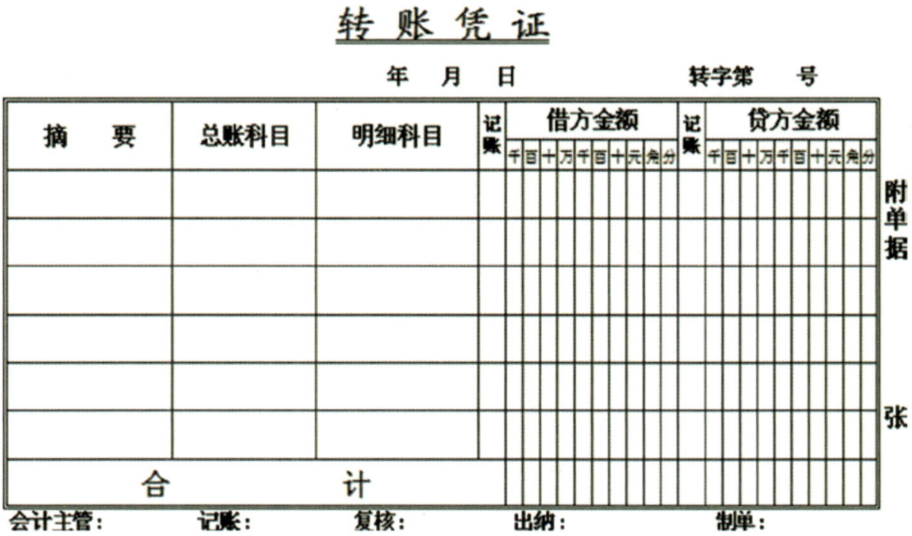

转账凭证

年　月　日　　转字第　号

摘要	总账科目	明细科目	记账	借方金额（千百十万千百十元角分）	记账	贷方金额（千百十万千百十元角分）
合计						

附单据　张

会计主管：　记账：　复核：　出纳：　制单：

图4–3–26

6. 多余款项入账，编制记账凭证（见图4-3-27和图4-3-28）。

付款期限
壹 个 月

中国银行

第 00008801 号

银行汇票 〔多余款 收账通知〕 4

出票日期（大写） 年 月 日	代理付款行： 行号：									
收款人：	账号：									
出票金额 人民币（大写）										
实际结算金额 人民币（大写）	千	百	十	万	千	百	十	元	角	分

此联出票行结清多余款后交申请人

申请人：＿＿＿＿ 账号：＿＿＿＿

出票行：＿＿＿＿ 行号：＿＿＿＿

备注：＿＿＿＿

出票行签章

密押：										左列退回多余金额已收入你账户内
多余金额：										
千	百	十	万	千	百	十	元	角	分	

图4-3-27

收款凭证

借方科目： 年 月 日 收字第 号

摘要	贷方科目	明细科目	记账	金额 千	百	十	万	千	百	十	元	角	分
合计													

附单据 张

会计主管： 记账： 复核： 出纳： 制单：

图4-3-28

二、收款方——德州芳草设备有限公司

1. 业务部门开具增值税专用发票（见图4-3-29）。

3100061140　　**山东省增值税专用发票**　　（全国统一发票监制章 国家税务总局监制）

此联不作报销、扣税凭证使用　　№ 87655432

开票日期：　　年　　月　　日

购货单位	名　　称： 纳税人识别号： 地址、电话： 开户行及账号：	密码区		加密版本:11

货物或应税劳务名称	规格型号	单位	数量	单价	金　额	税率	税　额
合　计							
价税合计（大写）				（小写）¥			

销货单位	名　　称： 纳税人识别号： 地址、电话： 开户行及账号：	备注	

收款人：　　复核：　　开票人：　　销货单位：（章）

第一联 记账联 销货方记账凭证

图4-3-29

（抵扣联、出库单略）

2. 出纳员填写银行汇票实际结算金额并背书（见图4-3-30和图4-3-31）。

付款期限 壹个月

中国银行　　**银行汇票**（解讫通知）　　3　　第 00008801 号

出票日期（大写）　　年　　月　　日	代理付款行：　　行号：
收款人：	账号：
出票金额 人民币（大写）	

实际结算金额 人民币（大写）	千	百	十	万	千	百	十	元	角	分

申请人：　　账号：

出票行：　　行号：

备注：

代理付款行签章

复核　　经办

密押：										
多余金额										
千	百	十	万	千	百	十	元	角	分	复核　　记账

此联代理付款行兑付后随报单寄出票行，由出票行作多余款贷方凭证

图4-3-30

（银行汇票第二联略）

被背书人	被背书人
背书人签章 年 月 日	背书人签章 年 月 日
持票人向银行 提示付款签章：	身份证件名称 发证机关： 号码

图4-3-31

3. 出纳员填写银行进账单，办理结算（见图4-3-32）。

中国银行进账单（回 单） 1

年 月 日

出票人	全 称		收款人	全 称											
	账 号			账 号											
	开户银行			开户银行											
金额	人民币 （大写）				亿	千	百	十	万	千	百	十	元	角	分
票据种类		票据张数													
票据号码															
复核 记账				收款人开户银行签章											

此联是开户银行交给持（出）票人的回单

图4-3-32

4. 根据进账单，销售款项入账，编制记账凭证（见图4-3-33）。

收 款 凭 证

借方科目： 年 月 日 收字第 号

摘 要	贷方科目	明细科目	记账	千	百	十	万	千	百	十	元	角	分
合 计													

附单据 张

会计主管： 记账： 复核： 出纳： 制单：

图4-3-33

5. 根据审核无误的记账凭证登记日记账（见图4-3-34）。

银行存款日记账

第　页

年		凭证编号	结算方式		摘要	借方										✓	贷方										✓	余额									
月	日		类	号码		千	百	十	万	千	百	十	元	角	分		千	百	十	万	千	百	十	元	角	分		千	百	十	万	千	百	十	元	角	分

图4-3-34

活动三　归纳总结

银行汇票通常适用于先收款后发货或钱货两清的商品交易。我们学完活动二，对于处理银行汇票结算业务应该有一个全面的理解与掌握，试着描述收款方和付款方的业务流程。

知识链接

一、付款方出纳业务处理流程

（1）根据业务申请或资金使用审批单准确填写银行汇票申请书，并加盖预留银行印鉴。

（2）申请办理银行汇票。

将一式两联的银行汇票申请书递交给银行柜员，并将所需票款从开户银行办理转账或直接交付现金，银行收妥款项后签发银行汇票。

银行柜员将办理好的银行汇票第二联、第三联，银行汇票申请书回单和手续费支付凭单一并交给付款人。

（3）编制记账凭证。将办理好的银行汇票第二联、第三联交给单位有关人员持票前往异地办理结算，出纳员根据银行汇票申请书回单编制记账凭证。

（4）登记日记账。根据审核无误的记账凭证登记银行存款日记账。

（5）收回多余款项。若有多余款项，出纳员根据银行转来的银行汇票第四联编制记账凭证，登记日记账。

二、收款方出纳业务处理流程

（1）审核收到的银行汇票。

（2）填写实际结算金额。出纳员审核无误后，应在出票金额以内根据实际结算需要的款项办理结算，将实际结算金额和多余金额准确、清晰地填入银行汇票和解讫通知的有关栏内。全额解付的银行汇票，应在“多余金额”栏内写上“0”。

（3）背书。收款人或持票人向开户银行提示付款时，必须同时提交银行汇票和解讫通知，缺少任何一联，银行不予受理。并应在银行汇票背面的“背书人签章”处加盖预留银行印鉴。

（4）填写银行进账单。出纳员根据实际结算金额填写银行进账单，将填写好的一式两联进账单、银行汇票和解讫通知同时送交开户银行，银行审查无误后办理转账。

（5）编制记账凭证。

（6）登记日记账。

活动四　实践练习

联系实际，分组设计银行汇票结算业务，组内成员分别扮演付款人、银行和收款人，完成银行汇票办理收付结算的整个业务流程。

任务四　处理商业汇票结算业务

任务目标

知识目标：明白相关概念，认识相关原始凭证。

能力目标：能分清各种商业汇票，理解商业汇票常用术语，能熟练填制相关原始凭证、记账凭证，学会相关账务处理。

素养目标：与实际工作相联系，能正确使用各种商业汇票。

知识结构图

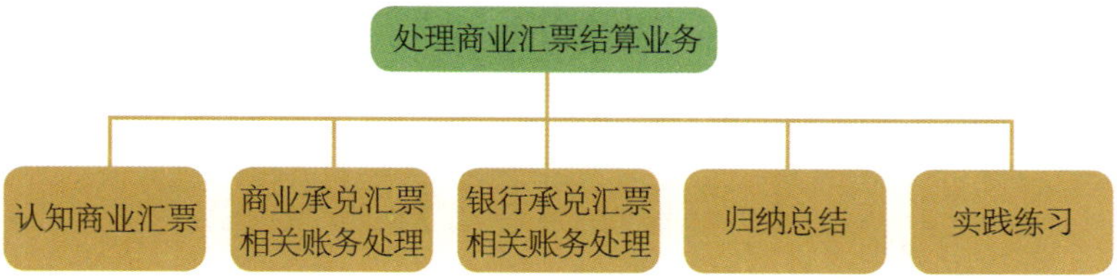

活动一　认知商业汇票

商业汇票指出票人签发的委托付款人在指定日期无条件支付确定的金额给收款人或持票人的票据。

因承兑人的不同，商业汇票分为银行承兑汇票和商业承兑汇票。

搜一搜　比较一下两种商业汇票票样有什么不同。

知识链接

一、承兑

承兑是指汇票付款人承诺在汇票到期日支付汇票金额并签章的票据行为，它仅适用于商业汇票。

承兑汇票时，付款人应当在汇票正面记载“承兑”字样和承兑日期并签章。

付款人对向其提示承兑的汇票，应当自收到提示承兑的汇票之日起3日内承兑或者拒绝承兑。如果付款人在3日内不做承兑与否表示，则应视为拒绝承兑。

付款人承兑汇票不得附有条件，承兑附有条件的，视为拒绝承兑。

二、提示承兑

根据记载到期日方式的不同，商业汇票可以分为定日付款的汇票、出票后定期付款的汇票、见票后定期付款的汇票三种。

定日付款的汇票、出票后定期付款的汇票，持票人应当在汇票到期日前向付款人提示承兑。

见票后定期付款的汇票，持票人应当自出票日起1个月内向付款人提示承兑。

定日付款，就是出票人在票据上记载确定的日期，例如：“3月1日付款”。

出票后定期付款，是在汇票上记载的、从出票日起经过一定期限方能付款的一种付款日期形式，也就是出票日作为起算日。例如：甲1月1日开具一张票据，在票据上记载“出票后1个月付款”，那么票据的到期日就是“出票后1个月”，即2月1日。需在到期日前提示承兑。

见票后定期付款，是出票人在汇票上记载的、自付款人承兑日起经过一定期限方能付款的一种付款日期形式。这里的见票日是起算日。例如：甲1月1日开具一张票据，在票据上记载“见票后1个月付款”，持票人在2月1日去提示承兑（见票就是提示承兑），那么票据的到期日就是“见票后1个月”，即3月1日。需在自出票日起1个月内提示承兑。

三、商业汇票结算的相关规定

1. 在银行开立存款账户的法人及其他组织之间，必须具有真实的交易关系或债权债务关系，才能使用商业汇票。

2. 商业汇票的出票人为在银行开立存款账户的法人及其他组织，与付款人具有真实的委托付款关系，具有支付汇票金额的可靠资金来源。

3. 商业汇票有提示付款期，自出票日起1个月内向承兑人提示付款。

4. 商业汇票有付款期限，最长不得超过6个月。

5. 符合条件的商业汇票的持票人可持未到期的商业汇票向银行申请贴现。贴现银行可持未到期的商业汇票向其他银行转贴现，或者向中国人民银行申请再贴现。

四、商业承兑汇票样本

（1）付款人签发（见图4-4-1）。

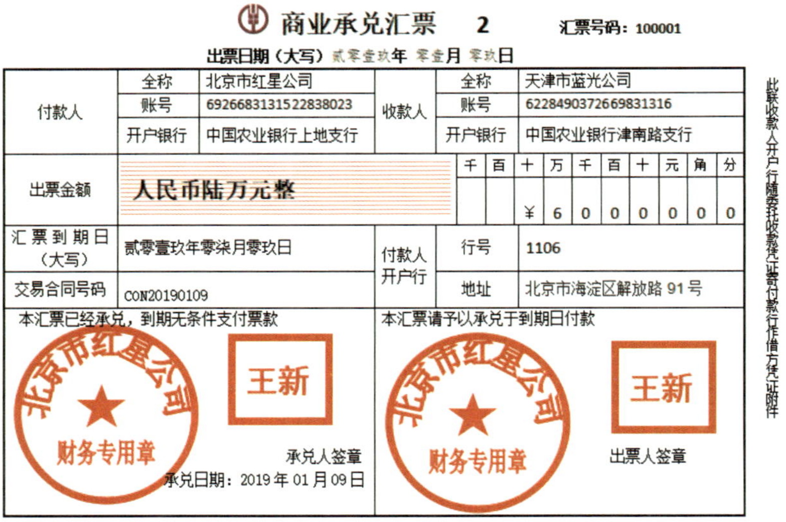

商业承兑汇票　2　　汇票号码：100001

出票日期（大写）贰零壹玖年 零壹月 零玖日

付款人	全称	北京市红星公司	收款人	全称	天津市蓝光公司
	账号	6926683131522838023		账号	6228490372669831316
	开户银行	中国农业银行上地支行		开户银行	中国农业银行津南路支行
出票金额	人民币陆万元整		千 百 十 万 千 百 十 元 角 分		¥ 6 0 0 0 0 0 0
汇票到期日（大写）	贰零壹玖年零柒月零玖日		付款人开户行	行号	1106
交易合同号码	CON20190109			地址	北京市海淀区解放路91号
本汇票已经承兑，到期无条件支付票款			本汇票请予以承兑于到期日付款		
承兑人签章			出票人签章		
承兑日期：2019年01月09日					

图4-4-1

（2）收款人签发（见图4-4-2和图4-4-3）。

商业承兑汇票　2　　汇票号码：100002

出票日期（大写）贰零壹玖年 零壹月 贰拾日

付款人	全称	北京市红星公司	收款人	全称	上海市宏口公司
	账号	6926683131522838023		账号	6228490372558720215
	开户银行	中国农业银行上地支行		开户银行	中国农业银行浦东支行
出票金额	人民币柒万元整				
汇票到期日（大写）	贰零壹玖年零柒月贰拾日		付款人开户行	行号	1106
交易合同号码	CON20190120			地址	北京市海淀区解放路91号
本汇票已经承兑，到期无条件支付票款 北京市红星公司 财务专用章 王新 承兑人签章 承兑日期：2019年01月20日			本汇票请予以承兑于到期日付款 上海市宏口公司 财务专用章 贾林 出票人签章		

千	百	十	万	千	百	十	元	角	分
		¥	7	0	0	0	0	0	0

此联收款人开户行随委托收款凭证寄付款行作借方凭证附件

图4-4-2

银行承兑汇票　2　　汇票号码 200001

出票日期（大写）贰零壹玖年 零伍月 壹拾壹日

出票人全称	北京市红星公司	收款人	全称	青岛市二轻公司
出票人账号	6926683131522838023		账号	6228382161446500317
付款行全称	中国农业银行上地支行		开户银行	中国农业银行市南支行
出票金额	人民币（大写）壹拾万元整			
汇票到期日（大写）	贰零壹玖年零捌月壹拾壹日	付款行	行号	1106
承兑协议编号	20190511		地址	北京市海淀区解放路91号
本汇票请你行承兑，到期无条件付款。 北京市红星公司 财务专用章 王新 出票人签章 2019年05月11日		本汇票已经承兑，到期日由本行付款。 中国农业银行上地支行 2019.05.11 汇票专用章 白晶 承兑行签章 承兑日期 2019年05月11日		
		备注		复核　记账

千	百	十	万	千	百	十	元	角	分
	¥	1	0	0	0	0	0	0	0

此联收款人开户行随托收凭证寄付款行作借方凭证附件

图4-4-3

练一练

请在作业本上分别画出商业承兑汇票和银行承兑汇票的样本。

活动二　商业承兑汇票相关账务处理

商业承兑汇票是指由付款人或收款人签发并由银行以外的付款人承兑的票据。

知识链接

付款人签发商业承兑汇票流程如图4-4-4所示。

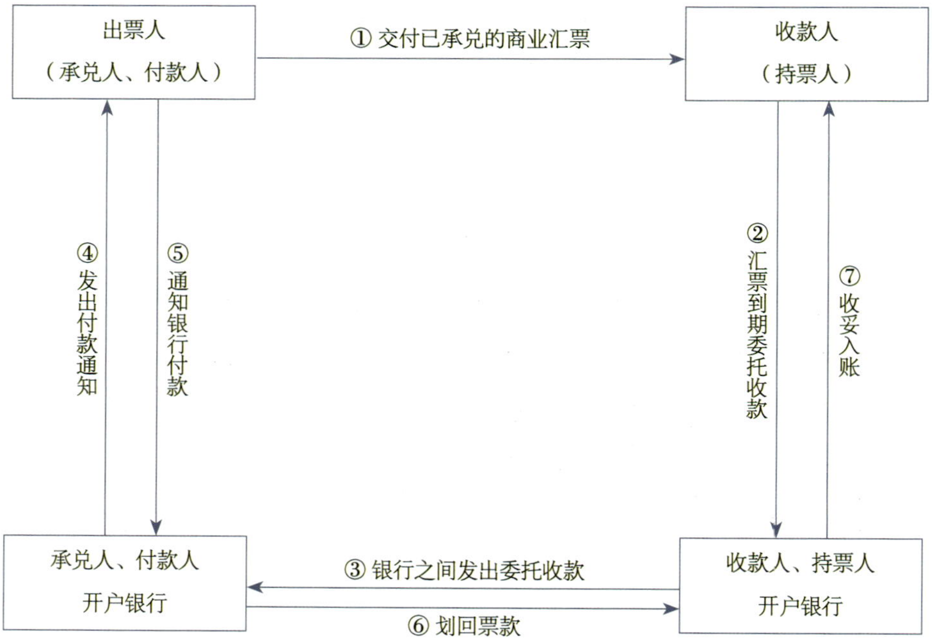

图4-4-4

收款人签发商业承兑汇票流程如图4-4-5所示。

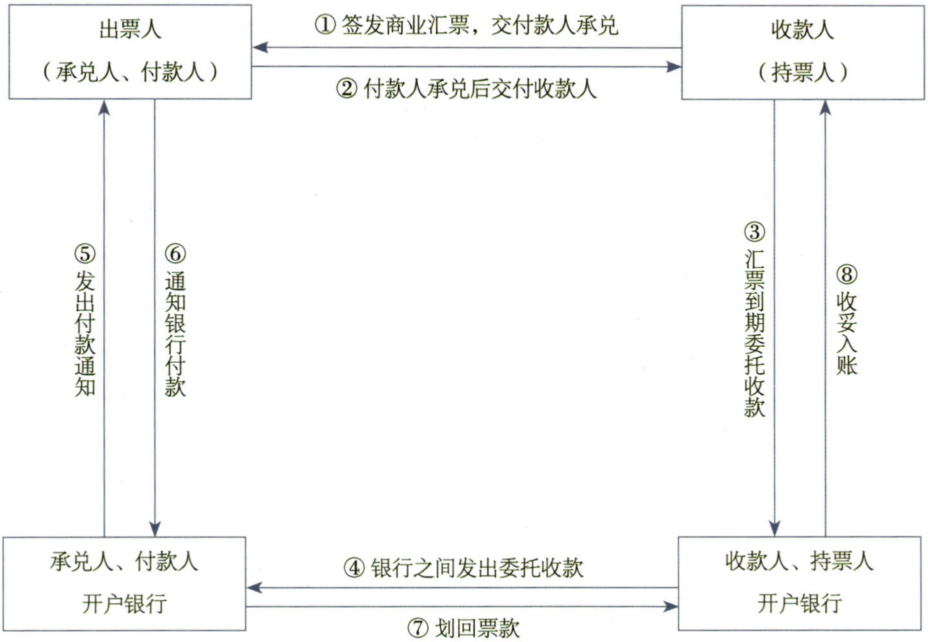

图4-4-5

做中学

2019年8月3日，广宇诚信有限责任公司销售给天成市龙祥电子科技公司打印机20台，不含税单价4 000元，开具增值税专用发票，商品自提，交易合同号码为CON201908001，双方约定采用商业承兑汇票结算，期限为4个月，由付款方签发。

天成市龙祥电子科技公司当日收货，验收入库，签发并承兑汇票。2019年12月3日，广宇诚信有限责任公司办理托收款，天成市龙祥电子科技公司如数付款。

一、收款方——广宇诚信有限责任公司

1. 开具增值税专用发票，办理出库（见图4-4-6和图4-4-7）。

3100061140　　**山东省增值税专用发票**　　№ 00004321

此联不作报销、扣税凭证使用

开票日期：2019 年 08 月 03 日

购货单位	名　　称：天成市龙祥电子科技公司 纳税人识别号：370502637356463 地址、电话：天成市新海路 23 号 0561-3226773 开户行及账号：农行天成分行 16370565016627600735	密码区	（略） 加密版本:11 3100061140 00004321

货物或应税劳务名称	规格型号	单位	数量	单价	金额	税率	税额
打印机	ZT210	台	20	4000.00	80000.00	13%	10400.00
合　计					¥80000.00		¥10400.00
价税合计（大写）	人民币玖万零肆佰元整				（小写）¥90400.00		

销货单位	名　　称：广宇诚信有限责任公司 纳税人识别号：370602663546373 地址、电话：广宇市海华路 18 号 0651-3344556 开户行及账号：农行广宇分行 37001666660050152773	备注	广宇诚信有限责任公司 370602663546373 发票专用章

收款人：　　复核：　　开票人：　　销货单位：（章）

第一联 记账联 销货方记账凭证

图4-4-6

出库单

收货单位:天成市龙祥电子科技公司　2019 年 08 月 03 日　　NO. 00512483

品　名	规　格	单　位	数　量	单　价	金　额	备　注
打印机	ZT210	台	20	4000.00	80000.00	
合　计					¥80000.00	

保管员：李思　　验收：　　提货人：　　制单：

第三联 记账联

图4-4-7

2. 依据合同内容审核收到的商业承兑汇票，同时登记应收票据备查簿（见图4-4-8）。

应收票据备查簿

序号	票据种类	票据号码	出票人	出票日期	到期日期	票面金额	背书人	贴现日期	贴现金额	备注
1	商业承兑汇票	00000921	天成市龙祥电子科技公司	2019.08.03	2019.12.03	90400.00	广宇诚信有限责任公司			

图4-4-8

3. 确认收入，编制记账凭证（见图4-4-9）。

转 账 凭 证

2019年 08月 03日　　　　转字第　　号

摘要	总账科目	明细科目	记账	借方金额（千百十万千百十元角分）	记账	贷方金额（千百十万千百十元角分）
售打印机20台	应收票据	天成市龙祥电子科技公司		9040000		
售打印机20台	主营业务收入	打印机				8000000
销项税	应交税费	应交增值税（销项税额）				1040000
合计				¥9040000		¥9040000

会计主管：　　记账：　　复核：　　出纳：　　制单：

图4-4-9

4. 汇票背书，委托银行收款，编制记账凭证（见图4-4-10和图4-4-11）。

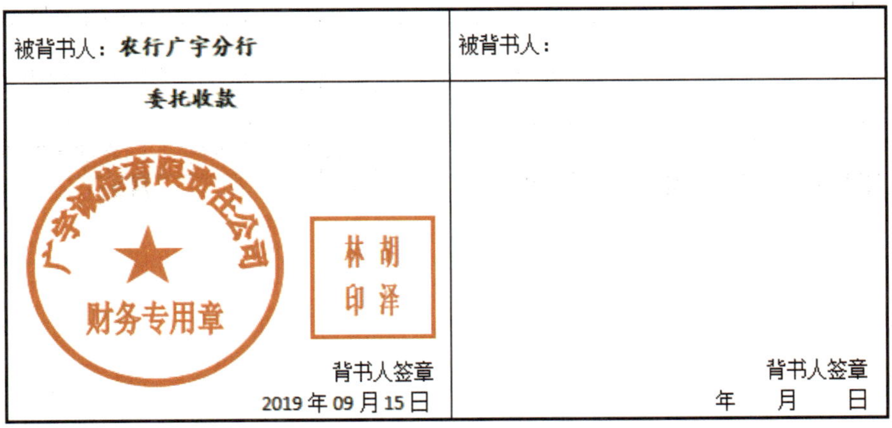

被背书人：农行广宇分行	被背书人：
委托收款 广宇诚信有限责任公司 财务专用章 林胡 印泽 背书人签章 2019 年 09 月 15 日	背书人签章 年　月　日

图4-4-10

收款凭证

借方科目：银行存款　　2019年　12月　03日　　银 收字第　　号

摘要	贷方科目	明细科目	记账	金额									
				千	百	十	万	千	百	十	元	角	分
收回到期票据款	应收票据	天成市龙祥电子科技公司					9	0	4	0	0	0	0
合计						¥	9	0	4	0	0	0	0

附单据 2 张

会计主管：　　记账：　　复核：　　出纳：　　制单：

图4-4-11

5. 假设汇票到期，付款方无力支付票款（见图4-4-12）。

转账凭证

2019年12月03日　　转字第　　号

摘要	总账科目	明细科目	记账	借方金额										记账	贷方金额									
				千	百	十	万	千	百	十	元	角	分		千	百	十	万	千	百	十	元	角	分
汇票到期未收回款	应收账款	天成市龙祥电子科技公司					9	0	4	0	0	0	0											
汇票到期未收回款	应收票据	天成市龙祥电子科技公司																9	0	4	0	0	0	0
合计						¥	9	0	4	0	0	0	0				¥	9	0	4	0	0	0	0

会计主管：　　记账：　　复核：　　出纳：　　制单：

图4-4-12

二、付款方——天成市龙祥电子科技公司

1. 取得增值税专用发票，办理入库（见图4-4-13和图4-4-14）。

3100061140　　**山东省增值税专用发票**

发　票　联　　（全国统一发票监制章　国家税务总局监制）

№ 00004321

开票日期：2019 年 08 月 03 日

购货单位	名　　称：天成市龙祥电子科技公司 纳税人识别号：370502637356463 地址、电话：天成市新海路 23 号 0561-3226773 开户行及账号：农行天成分行 16370565016627600735	密码区	（略）	加密版本:11 3100061140 00004321

货物或应税劳务名称	规格型号	单位	数量	单价	金　额	税率	税　额
打印机	ZT210	台	20	4000.00	80000.00	13%	10400.00
合　计					¥80000.0		¥10400. 00
价税合计(大写)	人民币玖万零肆佰元整				（小写）¥90400.00		

销货单位	名　　称：广宇诚信有限责任公司 纳税人识别号：370602663546373 地址、电话：广宇市海华路 18 号 0651-3344556 开户行及账号：农行广宇分行 37001666660050152773	备注	广宇诚信有限责任公司 370602663546373 发票专用章

收款人：　　复核：　　开票人：　　销货单位：（章）

第三联 发票联 购货方记账凭证

图4-4-13

（抵扣联略）

入库单

2019 年 08 月 08 日　　供货单位（个人）：广宇诚信有限责任公司　　NO. 0623594

品　名	规　格	单　位	数　量	单　价	金　额	备　注
打印机	ZT210	台	20	4000.00	80000.00	
合　计					¥80000.00	

送货人：王力宏　　保管员：张山　　制单：

第三联 记账联

图4-4-14

2. 签发并承兑商业承兑汇票，抵付货款，同时登记应付票据备查簿，编制记账凭证（见图4-4-15至图4-4-18）。

商业承兑汇票　2　　汇票号码：00000921

出票日期（大写）贰零壹玖年 零捌 月 零叁日

付款人	全称	天成市龙祥电子科技公司	收款人	全称	广宇诚信有限责任公司
	账号	16370565016627600735		账号	37001666660050152773
	开户银行	中国农业银行天成分行		开户银行	中国农业银行广宇分行
出票金额	人民币玖万零肆佰元整		千 百 十 万 千 百 十 元 角 分		¥ 9 0 4 0 0 0 0
汇票到期日（大写）	贰零壹玖年壹拾贰月零叁日		付款人开户行	行号	1204
交易合同号码	CON201908001			地址	天成市海东路 54 号
本汇票已经承兑，到期无条件支付票款 天成市龙祥电子科技公司 财务专用章　林 李 印 小 承兑人签章 承兑日期：2019 年 08 月 03 日			本汇票请予以承兑于到期日付款 天成市龙祥电子科技公司 财务专用章　林 李 印 小 出票人签章		

此联收款人开户行随委托收款凭证寄付款行作借方凭证附件

图4-4-15

商业承兑汇票（存根）　3　　汇票号码:00000921

出票日期（大写）贰零壹玖 年 零捌月 零叁日

付款人	全称	天成市龙祥电子科技公司	收款人	全称	广宇诚信有限责任公司
	账号	16370565016627600735		账号	37001666660050152773
	开户银行	中国农业银行天成分行		开户银行	中国农业银行广宇分行
出票金额	人民币玖万零肆佰元整		千 百 十 万 千 百 十 元 角 分		¥ 9 0 4 0 0 0 0
汇票到期日（大写）	贰零壹玖年壹拾贰月零叁日		付款人开户行	行号	1204
交易合同号码	CON201908001			地址	天成市海东路 54 号
备注：			负责：　　　经办：		

此联签发人存查

图4-4-16

应付票据备查簿

序号	种类	号数	签发日期	到期日期	票面金额	交易合同号码	收款单位名称	付款日期	金额	注销	备注
1	商业承兑汇票	00000921	2019.08.03	2019.12.03	¥90400.00	CON201908001	广宇诚信有限责任公司				

图4-4-17

转账凭证

2019年08月03日　　　　转字第　　号

摘要	总账科目	明细科目	记账	借方金额（千百十万千百十元角分）	记账	贷方金额（千百十万千百十元角分）
购入打印机20台	库存商品	打印机		8000000		
进项税	应交税费	应交增值税（进项税额）		1040000		
购入打印机20台	应付票据	广宇诚信有限责任公司				9040000
合计				¥9040000		¥9040000

会计主管：　记账：　复核：　出纳：　制单：

图4-4-18

3. 票据到期，支付票款，编制记账凭证（见图4-4-19和图4-4-20）。

托收凭证（付款通知）5

NO：1100070101　　委托日期 2019 年 12 月 03 日　　付款期限 2019 年 12 月 12 日

业务类型	委托收款（☑邮划，☐电划）　托收承付(☐邮划，☐电划)					
付款人 全称	天成市龙祥电子科技公司		收款人 全称	广宇诚信有限责任公司		
付款人 账号	16370565016627600735		收款人 账号	37001666660050152773		
付款人 地址	天成市新海路23号	开户行 农行天成分行	收款人 地址	广宇市海华路18号	开户行 农行广宇分行	
金额 人民币（大写）	玖万零肆佰元整		千百十万千百十元角分	¥9040000		
款项内容	货款	托收凭证名称	商业承兑汇票	附寄单据张数	1张	
商品发运情况	已发运	合同名称号码	CON201908001			
备注： 复核　记账	中国农业银行 天成分行 2019.12.12 转讫 付款人开户银行签章 2019 年 12 月 12 日		付款人注意： 1. 根据支付结算办法规定，上列托收款项，如超过承付期限未提出拒付，即视同全部承付。以此联代付款通知。 2. 如系全部或部分拒付，应在承付期限内另填拒绝理由书送达银行办理。			

此联付款人开户银行给付款人按期付款通知

图4-4-19

付款凭证

贷方科目：银行存款　　2019年 12月 03日　　银付字第　　号

摘要	借方科目	明细科目	记账	金额（千百十万千百十元角分）
票据到期，支付票款	应付票据	广宇诚信有限责任公司		9040000
合计				¥9040000

附单据 2 张

会计主管：　记账：　复核：　出纳：　制单：

图4-4-20

4. 假设汇票到期，付款方无力支付票款（见图4-4-21）。

转账凭证

2019年 12月 03日　　　　　　转字第　　号

摘　　要	总账科目	明细科目	记账	借方金额（千百十万千百十元角分）	记账	贷方金额（千百十万千百十元角分）
汇票到期无力支付	应付票据	广宇诚信有限责任公司		9040000		
汇票到期无力支付	应付账款	广宇诚信有限责任公司				9040000
合　　计				¥9040000		¥9040000

会计主管：　　记账：　　复核：　　出纳：　　制单：

图4-4-21

思考与训练

【目的】练习商业承兑汇票结算业务的处理。

2019年1月18日，济南麦客隆有限公司与青岛龙腾有限公司签订交易合同，交易合同号码为CON201901010，销售T恤一批，5 000件，不含税单价650元，业务部门当日办理出库，开具增值税专用发票。双方约定采用商业承兑汇票结算，期限为3个月。

1月20日，青岛龙腾有限公司签发并承兑汇票。

4月20日，济南麦客隆有限公司办理托收款，青岛龙腾有限公司如数付款。

请代替收、付款方做相关账务处理。

一、收款方——济南麦客隆有限公司

1. 开具增值税专用发票，办理出库（见图4-4-22和图4-4-23）。

3100061140　　**山东省增值税专用发票**　　№ 01086586

全国统一发票监制章　国家税务总局监制

此联不作报销、扣税凭证使用

开票日期：　年　月　日

购货单位	名称： 纳税人识别号： 地址、电话： 开户行及账号：	密码区		加密版本：11

货物或应税劳务名称	规格型号	单位	数量	单价	金额	税率	税额
合计							
价税合计（大写）	（小写）¥						

销货单位	名称： 纳税人识别号： 地址、电话： 开户行及账号：	备注	

收款人：　　复核：　　开票人：　　销货单位：（章）

第一联　记账联　销货方记账凭证

图4-4-22

出库单

收货单位：　　年　月　日　　NO. 00324381

品名	规格	单位	数量	单价	金额	备注
合计						

保管员：　　验收：　　提货人：　　制单：

第三联　记账联

图4-4-23

2. 依据合同内容审核收到的商业承兑汇票，同时登记应收票据备查簿（见图4-4-24）。

应收票据备查簿

序号	票据种类	票据号码	出票人	出票日期	到期日期	票面金额	背书人	贴现日期	贴现金额	备注

图4-4-24

3. 确认收入，编制记账凭证（见图4-4-25）。

转 账 凭 证

年 月 日　　　　转字第 号

摘要	总账科目	明细科目	记账	借方金额										记账	贷方金额								
				千	百	十	万	千	百	十	元	角	分		千	百	十	万	千	百	十	元	角	分
合　　计																								

附单据　　张

会计主管：　　记账：　　复核：　　出纳：　　制单：

图4-4-25

4. 汇票背书，委托银行收款，编制记账凭证（见图4-4-26和图4-4-27）。

被背书人：	被背书人：
背书人签章 年 月 日	背书人签章 年 月 日

图4-4-26

收款凭证

借方科目：　　　　　　　　　年　　月　　日　　　　　　收字第　　号

摘要	贷方科目	明细科目	记账	金额									
				千	百	十	万	千	百	十	元	角	分
合计													

附单据　　张

会计主管：　　　　记账：　　　复核：　　　　　出纳：　　　　　制单：

图4-4-27

二、付款方——青岛龙腾有限公司

1. 取得增值税专用发票，办理入库，签发商业承兑汇票并承兑（见图4-4-28至图4-4-30）。

3100061140　　　　**山东省增值税专用发票**

发票联　　　　　　　　　　　　　　　　　　№ 01086586

开票日期：　　年　　月　　日

购货单位	名称： 纳税人识别号： 地址、电话： 开户行及账号：	密码区	加密版本:11				
货物或应税劳务名称	规格型号	单位	数量	单价	金额	税率	税额
合计							
价税合计（大写）				（小写）¥			
销货单位	名称： 纳税人识别号： 地址、电话： 开户行及账号：	备注					

第二联　发票联　购货方记账凭证

收款人：　　　　　　复核：　　　　　开票人：　　　　　　销货单位：（章）

图4-4-28

（抵扣联略）

入库单

年　月　日　　　　供货单位（个人）:　　　　NO. 0512483

品　名	规　格	单　位	数　量	单　价	金　额	备　注
合　计						

送货人:　　　　保管员:　　　　制单:

第三联记账联

图4-4-29

商业承兑汇票　2

汇票号码：00001017

出票日期（大写）　年　月　日

付款人	全称		收款人	全称	
	账号			账号	
	开户银行			开户银行	
出票金额			千 百 十 万 千 百 十 元 角 分		
汇票到期日（大写）			付款人开户行	行号	
交易合同号码				地址	
本汇票已经承兑，到期无条件支付票款 承兑人签章 承兑日期：　年　月　日			本汇票请予以承兑于到期日付款 出票人签章		

此联收款人开户行随委托收款凭证寄付款行作借方凭证附件

图4-4-30

2. 登记应付票据备查簿，编制记账凭证（见图4-4-31和图4-4-32）。

应付票据备查簿

序号	种类	号数	签发日期	到期日期	票面金额	交易合同号码	收款单位名称	付款日期	金额	注销	备注

图4-4-31

转账凭证

年　月　日　　　　转字第　　号

摘要	总账科目	明细科目	记账	借方金额										记账	贷方金额								
				千	百	十	万	千	百	十	元	角	分		千	百	十	万	千	百	十	元	角	分
合计																								

附单据　　张

会计主管：　记账：　复核：　出纳：　制单：

图4-4-32

3. 票据到期，支付票款，编制记账凭证（见图4-4-33和图4-4-34）。

托收凭证（付款通知）5

NO：　　委托日期　年　月　日　　付款期限

业务类型	委托收款（☑邮划，☐电划）　托收承付(☐邮划，☐电划)												
付款人	全称			收款人	全称								
	账号				账号								
	地址		开户行		地址		开户行						
金额	人民币（大写）			千	百	十	万	千	百	十	元	角	分
款项内容		托收凭证名称			附寄单据张数								
商品发运情况		合同名称号码											
备注： 复核　记账		付款人开户银行签章 年　月　日			付款人注意： 1．根据支付结算办法规定，上列托收款项，如超过承付期限未提出拒付，即视同全部承付。以此联代付款通知。 2．如系全部或部分拒付，应在承付期限内另填拒绝理由书送达银行办理。								

此联付款人开户银行给付款人按期付款通知

图4-4-33

付款凭证

贷方科目：　　年　月　日　　付字第　　号

摘要	借方科目	明细科目	记账	金额									
				千	百	十	万	千	百	十	元	角	分
合计													

附单据　　张

会计主管：　记账：　复核：　出纳：　制单：

图4-4-34

活动三　银行承兑汇票相关账务处理

银行承兑汇票是由在承兑银行开立存款账户的存款人出票，向开户银行申请并经银行审查同意承兑的保证在指定日期无条件支付确定的金额给收款人或持票人的票据。

简单地说，由银行承兑的商业汇票为银行承兑汇票。

银行对出票人签发的汇票进行承兑是基于对出票人资信的认可而给予的信用支持。

知识链接

银行承兑汇票结算流程如图4-4-35所示。

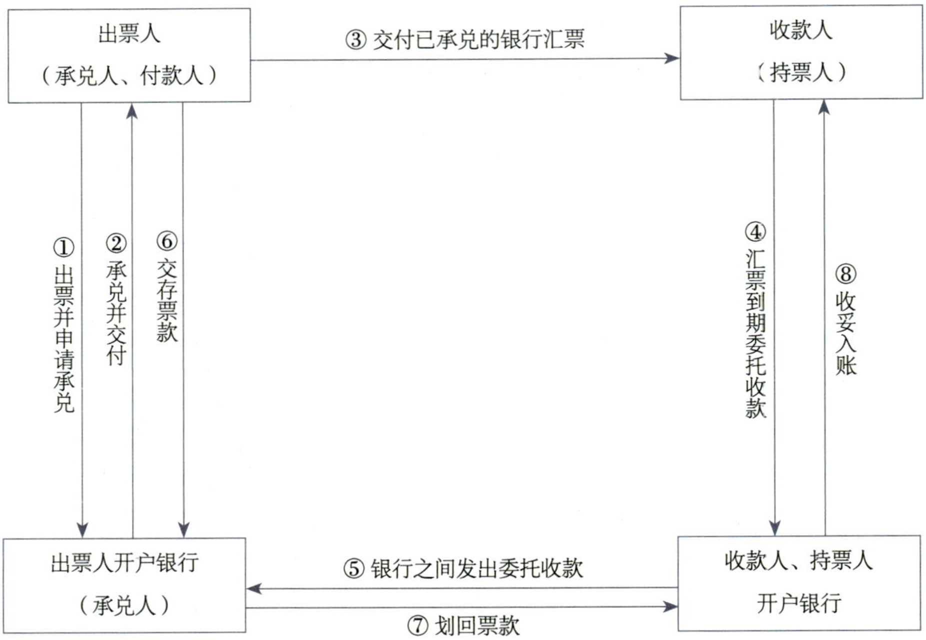

图4-4-35

做中学

2019年8月13日，广宇诚信有限责任公司与天成市龙祥电子科技公司达成协议，销售装订机300台，不含税单价130元，双方约定采用银行承兑汇票结算，期限为3个月。

广宇诚信有限责任公司于当日开出增值税专用发票。

天成市龙祥电子科技公司于8月15日签发汇票，同时向其开户银行申请承兑。银行审查同意后，与其签署银行承兑协议，并按规定向其收取承兑金额的0.5‰的承兑手续费。

9月15日，广宇诚信有限责任公司急需资金，到其开户银行办理贴现。

11月15日，银行按委托收款手续办理托收，天成市龙祥电子科技公司全额支付票款。

一、收款方——广宇诚信有限责任公司

1. 开具增值税专用发票，办理出库（见图4-4-36和图4-4-37）。

3100061140

山东省增值税专用发票

此联不作报销、扣税凭证使用

No 01086473

开票日期：2019 年 08 月 13 日

购货单位	名　　称：天成市龙祥电子科技公司 纳税人识别号：370502637356463 地址、电话：天成市新海路 23 号　0561-3226773 开户行及账号：农行天成分行 16370565016627600735			密码区	（略）		加密版本:11 3100061140 00004321
货物或应税劳务名称	规格型号	单位	数量	单价	金　额	税率	税　额
装订机	ZD100	台	300	130.00	39000.00	13%	5070.00
合　计					¥39000.00		¥5070.00
价税合计（大写）	人民币肆万肆仟零柒拾元整				（小写）¥44070.00		
销货单位	名　　称：广宇诚信有限责任公司 纳税人识别号：370602663546373 地址、电话：广宇市海华路 18 号　0651-3344556 开户行及账号：农行广宇分行 37001666660050152773			备注	广宇诚信有限责任公司 370602663546373 发票专用章		

第一联 记账联 销货方记账凭证

收款人：　　复核：　　开票人：　　销货单位：（章）

图4-4-36

出库单

收货单位：天成市龙祥电子科技公司　2019 年 08 月 13 日　　NO. 00401372

品　名	规　格	单　位	数　量	单　价	金　额	备　注
装订机	ZD100	台	300	130.00	39000.00	
合　计					¥39000.00	

第三联 记账联

保管员：张山　　验收：　　提货人：　　制单：

图4-4-37

2. 依据合同内容审核收到的银行承兑汇票，同时登记应收票据备查簿（见图4-4-38）。

应收票据备查簿

序号	票据种类	票据号码	出票人	出票日期	到期日期	票面金额	背书人	贴现日期	贴现金额	备注
1	商业承兑汇票	00000921	天成市龙祥电子科技公司	2019.08.03	2019.12.03	90400.00	广宇诚信有限责任公司			
1	银行承兑汇票	03655120	天成市龙祥电子科技公司	2019.08.15	2019.11.15	44070.00	广宇诚信有限责任公司	2019.09.15	43702.75	

图4-4-38

3. 确认收入，编制记账凭证（见图4-4-39）。

转 账 凭 证

2019 年 08月 13日　　　　转字第　　号

摘　要	总账科目	明细科目	记账	借方金额（千百十万千百十元角分）	记账	贷方金额（千百十万千百十元角分）
售装订机300台	应收票据	天成市龙祥电子科技公司		4407000		
售装订机300台	主营业务收入	装订机				3900000
销项税	应交税费	应交增值税（销项税额）				507000
合　　计				¥4407000		¥4407000

附单据 2 张

会计主管：　记账：　复核：　出纳：　制单：

图4-4-39

4. 汇票背书，办理贴现，编制记账凭证（见图4-4-40至图4-4-43）。

被背书人：农行广宇分行	被背书人：
委托收款 广宇诚信有限责任公司 财务专用章　林胡 印泽 背书人签章 2019 年 09 月 15 日	背书人签章 年　月　日

图4-4-40

贴现凭证（代申请书）4

币别：人民币　　　　2019 年 09 月 15 日　　　　第 016 号

贴现汇票	种　类	银行承兑汇票	号码 03655120	持票人	名称	广宇诚信有限责任公司	
	出票日	2019 年 08 月 15 日			账号	37001666660050152773	
	到期日	2019 年 11 月 15 日			开户银行	农行广宇分行	
汇兑承兑人	名称	天成市龙祥电子科技公司		账号	16370565016627600735	开户银行	农行天成分行
汇票金额	人民币（大写）肆万肆仟零柒拾元整					千 百 十 万 千 百 十 元 角 分	¥ 4 4 0 7 0 0 0
贴现率	0.5‰	贴现利息	¥367.25		实付贴现金额	¥43702.75	
送承兑汇票申请贴现，请审核。 广宇诚信有限责任公司 财务专用章 林朝印泽 持票人签章					中国农业银行天成分行 2019.09.15 汇票专用章 田程 负责人　　信贷员		

复核　　　　记账

图4-4-41

收款凭证

借方科目：银行存款　　　　2019年 09月 15日　　　　银 收字第　　号

摘　要	贷方科目	明细科目	记账	金额（千 百 十 万 千 百 十 元 角 分）
票据贴现	短期借款	农行		4 3 7 0 2 7 5
合　　计				¥ 4 3 7 0 2 7 5

附单据 1 张

会计主管：　　记账：　　复核：　　出纳：　　制单：

图4-4-42

转账凭证

2019年 09月 15日　　　　转字第　　号

摘要	总账科目	明细科目	记账	借方金额										记账	贷方金额								
				千	百	十	万	千	百	十	元	角	分		千	百	十	万	千	百	十	元	角	分
票据贴现利息	财务费用	利息支出							3	6	7	2	5										
票据贴现利息	短期借款	农行																		3	6	7	2	5
合　计								¥	3	6	7	2	5						¥	3	6	7	2	5

会计主管：　　记账：　　复核：　　出纳：　　制单：

图4-4-43

5. 假设该汇票到期，付款方无力支付票款，对收款方有影响吗？需要做账务处理吗？

知识链接

商业汇票的贴现

商业汇票的贴现，是指商业汇票的持票人在汇票未到期时需要资金，可将未到期的商业汇票经过背书后向银行贴付一定的利息，把商业汇票的债权转让给银行。银行按信贷政策经审查同意后，即以汇票金额扣除自贴现日至到期日前一天（承兑人在异地的，可另加3天的划款日期）的利息后的余额付给贴现申请人，到期银行凭票收取票款。

贴现利息＝汇票金额×贴现天数×日贴现率

（日贴现率＝月贴现率÷30）

贴现金额＝汇票金额－贴现利息

二、付款方——天成市龙祥电子科技公司

1. 取得增值税专用发票，办理入库（见图4-4-44和图4-4-45）。

3100061140　　**山东省增值税专用发票**

发　票　联　　（国家税务局监制）

№ 01086473

开票日期：2019 年 08 月 13 日

购货单位	名　　称：天成市龙祥电子科技公司 纳税人识别号：370502637356463 地址、电话：天成市新海路 23 号 0561-3226773 开户行及账号：农行天成分行 16370565016627600735	密码区	（略）	加密版本:11 3100061140 00004321

货物或应税劳务名称	规格型号	单位	数量	单价	金　额	税率	税　额
装订机	ZD100	台	300	130.00	39000.00	13%	5070.00
合　计					¥39000.0		¥5070.00
价税合计(大写)	人民币肆万肆仟零柒拾元整				（小写）¥44070.00		

销货单位	名　　称：广宇诚信有限责任公司 纳税人识别号：370602663546373 地址、电话：广宇市海华路 18 号 0651-3344556 开户行及账号：农行广宇分行 37001666660050152773	备注	（印章：广宇诚信有限责任公司 370602663546373 发票专用章）

收款人：　　复核：　　开票人：　　销货单位：（章）

第三联 发票联 购货方记账凭证

图4-4-44

（抵扣联略）

入库单

2019 年 08 月 14 日　　供货单位（个人）：广宇诚信有限责任公司　　NO. 0512483

品　名	规　格	单　位	数　量	单　价	金　额	备　注
装订机	ZD100	台	300	130.00	39000.00	
合　计					¥39000.00	

送货人：王力宏　　保管员：张山　　制单：

第三联 记账联

图4-4-45

2. 签发银行承兑汇票，抵付货款，编制记账凭证（见图4-4-46和图4-4-47）。

银行承兑汇票（存根） 3 汇票号码 03655120

出票日期（大写）贰零壹玖年 零捌月 壹拾伍日

出票人全称	天成市龙祥电子科技公司	收款人	全称	广宇诚信有限责任公司
出票人账号	16370565016627600735		账号	37001666660050152773
付款行全称	中国农业银行天成分行		开户银行	中国农业银行广宇分行
出票金额	人民币（大写） 肆万肆仟零柒拾元整		千百十万千百十元角分	¥4407000
汇票到期日（大写）	贰零壹玖年壹拾壹月壹拾伍日	付款行	行号	1204
承兑协议编号	N02019081		地址	天成市海东路54号
本汇票请你行承兑，到期无条件付款。 天成市龙祥电子科技公司 财务专用章 林李印小 出票人签章 2019年08月15日	备注		复核 记账	

此联签发人存查

图4-4-46

转 账 凭 证

2019年 08月 13日　　　　转字第　　号

摘要	总账科目	明细科目	记账	借方金额（千百十万千百十元角分）	记账	贷方金额（千百十万千百十元角分）
购装订机300台	库存商品	装订机		3900000		
进项税	应交税费	应交增值税（进项税额）		507000		
购装订机300台	应付票据	广宇诚信有限责任公司				4407000
合计				¥4407000		¥4407000

会计主管：　记账：　复核：　出纳：　制单：

图4-4-47

3．申请承兑汇票，签署银行承兑协议，支付银行承兑手续费，编制记账凭证（见图4-4-48至图4-4-50）。

银行承兑汇票　2　　　　汇票号码 03655120

出票日期（大写）贰零壹玖年 零捌月 壹拾伍日

出票人全称	天成市龙祥电子科技公司	收款人	全称	广宇诚信有限责任公司
出票人账号	16370565016627600735		账号	37001666660050152773
付款行全称	中国农业银行天成分行		开户银行	中国农业银行广宇分行
出票金额	人民币（大写）肆万肆仟零柒拾元整		千百十万千百十元角分	¥ 4 4 0 7 0 0 0
汇票到期日（大写）	贰零壹玖年壹拾壹月壹拾伍日	付款行	行号	1204
承兑协议编号	N02019081		地址	天成市海东路54号
本汇票请你行承兑，到期无条件付款。 出票人签章 2019 年 08 月 15 日		本汇票已经承兑，到期日由本行付款。 承兑行签章 承兑日期 2019 年 08 月 15 日		
		备注		复核　记账

此联收款人开户行随托收凭证寄付款行作借方凭证附件

图4-4-48

中国农业银行银行承兑协议　2

协议编号：NO.2019081

银行承兑汇票的内容：

收款人全称：广宇诚信有限责任公司　　付款人全称：天成市龙祥电子科技公司

开户银行：中国农业银行广宇分行　　开户银行：中国农业银行天成分行

账号：37001666660050152773　　账号：16370565016627600735

汇票号码：03655120　　汇票金额（大写）：人民币肆万肆仟零柒拾元整

签发日期：2019 年 08 月 15 日　　到期日期：2019 年 11 月 15 日

以上汇票经承兑银行承兑，承兑申请人（下称申请人）愿遵守《银行结算办法》的规定及下列条款：

第一条 申请人于汇票到期日前将应付票款足额存入承兑银行。

第二条 承兑人手续费按票面 0.05%计算，在银行承兑时一次性付清手续费。

第三条 承兑票据如发生任何交易纠纷，均由收付双方自行处理，票款于到期日前仍按第一条办理不误。

第四条 承兑汇票到期日，承兑银行凭票无条件支付票款。如到期日之前申请人不能足额交付票款时，承兑银行对不足支付部分的票款转作承兑申请人逾期贷款，并按照有关规定计收罚息。

第五条 承兑汇票款付清后，本协议自动失效。

本协议第一联、第二联分别由承兑银行信贷部和承兑申请人存执，协议副本由银行会计部存查。

承兑银行：（盖章）　　承兑申请人：（盖章）

日期：2019 年 08 月 15 日　　日期：2019 年 08 月 15 日

图4-4-49

付款凭证

贷方科目：银行存款　　　　2019年 08月 15日　　　　银付字第　　　号

摘要	借方科目	明细科目	记账	千	百	十	万	千	百	十	元	角	分
支付手续费	财务费用	手续费								2	2	0	4
合　　计									¥	2	2	0	4

附单据 1 张

会计主管：　　记账：　　复核：　　出纳：　　制单：

图4-4-50

4. 登记应付票据备查簿（见图4-4-51）。

应付票据备查簿

序号	种类	号数	签发日期	到期日期	票面金额	交易合同号码	收款单位名称	付款日期	金额	注销	备注
1	商业承兑汇票	00000921	2019.08.03	2019.12.03	¥90400.00	CON201908001	广宇诚信有限责任公司				
1	银行承兑汇票	03655120	2019.08.15	2019.11.15	¥44070.00	CON201908015	广宇诚信有限责任公司				

图4-4-51

5. 票据到期，支付票款，银行按委托收款手续办理托收（见图4-4-52）。

托收凭证（付款通知）5

NO：1100068050　　委托日期 2019 年 11 月 15 日　　付款期限 2019 年 11 月 24 日

业务类型	委托收款（☑邮划，☐电划）　托收承付(☐邮划，☐电划)					
付款人	全称	天成市龙祥电子科技公司	收款人	全称	广宇诚信有限责任公司	
	账号	16370565016627600735		账号	37001666660050152773	
	地址	天成市新海路23号　开户行　农行天成分行		地址	广宇市海华路18号　开户行　农行广宇分行	
金额	人民币(大写) 肆万肆仟零柒拾元整		千 百 十 万 千 百 十 元 角 分		¥ 4 4 0 7 0 0 0	
款项内容	货款	托收凭证名称	银行承兑汇票	附寄单据张数	1 张	
商品发运情况	已发运	合同名称号码	CON201908015			
备注： 复核　记账		中国农业银行天成分行 2019.11.24 转讫 付款人开户银行签章 2019 年 11 月 24 日		付款人注意： 1．根据支付结算办法规定，上列托收款项，如超过承付期限未提出拒付，即视同全部承付。以此联代付款通知。 2．如系全部或部分拒付，应在承付期限内另填拒绝理由书送达银行办理。		

此联付款人开户银行给付款人按期付款通知

图4-4-52

6. 汇票到期，支付票款，编制记账凭证（见图4-4-53）。

付款凭证

贷方科目：银行存款　　2019年 11月 15日　　银付字第　　号

摘　要	借方科目	明细科目	记账	金额									
				千	百	十	万	千	百	十	元	角	分
汇票到期，支付票款	应付票据	广宇诚信有限责任公司					4	4	0	7	0	0	0
合　计						¥	4	4	0	7	0	0	0

附单据 2 张

会计主管：　记账：　复核：　出纳：　制单：

图4-4-53

7. 假设汇票到期，付款方无力支付票款（见图4-4-54）。

转账凭证

2019年 11月 15日　　转字第　　号

摘　要	总账科目	明细科目	记账	借方金额										记账	贷方金额									
				千	百	十	万	千	百	十	元	角	分		千	百	十	万	千	百	十	元	角	分
汇票到期无力支付	应付票据	广宇诚信有限责任公司					4	4	0	7	0	0	0											
汇票到期无力支付	应付账款	广宇诚信有限责任公司																4	4	0	7	0	0	0
合　计						¥	4	4	0	7	0	0	0				¥	4	4	0	7	0	0	0

会计主管：　记账：　复核：　出纳：　制单：

图4-4-54

想一想　在日常工作过程中，出纳员随时根据审核无误的记账凭证登记银行存款日记账。请问，上述活动中的收付款记账凭证何时才可登记银行存款日记账？为什么？

思考与训练

【目的】练习银行承兑汇票结算业务的处理。

2019年2月10日，济南麦客隆有限公司与青岛龙腾有限公司签订交易合同，交易合同号码为CON201902008，销售背包一批，1 500个，不含税单价200元，业务部门当日办理出库，开具增值税专用发票。双方约定采用银行承兑汇票结算，期限为5个月。

2月12日，青岛龙腾有限公司签发并申请银行承兑汇票。

7月10日，济南麦客隆有限公司办理托收款，青岛龙腾有限公司如数付款。

请代替收、付款双方做相关账务处理。

一、收款方——济南麦客隆有限公司

1. 开具增值税专用发票，办理出库（见图4-4-55和图4-4-56）。

3100061140　　**山东省增值税专用发票**

此联不作报销、扣税凭证使用　　№ 01075483

开票日期：　年　月　日

购货单位	名　称： 纳税人识别号： 地址、电话： 开户行及账号：			密码区		加密版本:11	
货物或应税劳务名称	规格型号	单位	数量	单价	金　额	税率	税　额
合　计							
价税合计（大写）				（小写）¥			
销货单位	名　称： 纳税人识别号： 地址、电话： 开户行及账号：			备注			

收款人：　　复核：　　开票人：　　销货单位：（章）

第一联　记账联　销货方记账凭证

图4-4-55

出库单

收货单位:　　年　月　日　　NO. 00213720

品　名	规　格	单　位	数　量	单　价	金　额	备　注
合　计						

保管员:　　验收:　　提货人:　　制单:

第三联　记账联

图4-4-56

2. 依据合同内容审核收到的银行承兑汇票，同时登记应收票据备查簿（见图4-4-57）。

应收票据备查簿

序号	票据种类	票据号码	出票人	出票日期	到期日期	票面金额	背书人	贴现日期	贴现金额	备注

图4-4-57

3. 确认收入，编制记账凭证（见图4-4-58）。

转 账 凭 证

年　月　日　　　　转字第　　号

摘　要	总账科目	明细科目	记账	借方金额										记账	贷方金额								
				千	百	十	万	千	百	十	元	角	分		千	百	十	万	千	百	十	元	角	分
合　计																								

附单据　　张

会计主管：　　记账：　　复核：　　出纳：　　制单：

图4-4-58

4. 汇票背书，委托银行收款，编制记账凭证（见图4-4-59和图4-4-60）。

被背书人：	被背书人：
背书人签章 年　月　日	背书人签章 年　月　日

图4-4-59

收款凭证

借方科目：　　　　　　年　　月　　日　　　　　　收字第　　号

摘要	贷方科目	明细科目	记账	金额									
				千	百	十	万	千	百	十	元	角	分
合计													

附单据　　张

会计主管：　　　　记账：　　　　复核：　　　　出纳：　　　　制单：

图4-4-60

二、付款方——青岛龙腾有限公司

1. 取得增值税专用发票，办理入库（见图4-4-61）。

3100061140　　　　**山东省增值税专用发票**

发　票　联　　　　№ 01075483

开票日期：　　年　月　日

购货单位	名　　称： 纳税人识别号： 地址、　电话： 开户行及账号：	密码区		加密版本:11

货物或应税劳务名称	规格型号	单位	数量	单价	金额	税率	税额
合　计							
价税合计(大写)	（小写）¥						

销货单位	名　　称： 纳税人识别号： 地址、　电话： 开户行及账号：	备注	

第二联　发票联　购货方记账凭证

收款人：　　　　复核：　　　　开票人：　　　　销货单位：(章)

图4-4-61

（抵扣联、入库单略）

2. 签发银行承兑汇票，抵付货款，编制记账凭证（见图4-4-62和图4-4-63）。

银行承兑汇票（存根） 3

汇票号码 200016

出票日期（大写）　　年　　月　　日

出票人全称		收款人	全称	
出票人账号			账号	
付款行全称			开户银行	
出票金额	人民币（大写）		千 百 十 万 千 百 十 元 角 分	
汇票到期日（大写）		付款行	行号	
承兑协议编号			地址	
本汇票请你行承兑，到期无条件付款。 出票人签章		备注		复核　记账

此联签发人存查

图4-4-62

转账凭证

年　月　日　　　　　转字第　　号

摘　要	总账科目	明细科目	记账	借方金额 千 百 十 万 千 百 十 元 角 分	记账	贷方金额 千 百 十 万 千 百 十 元 角 分
合　　计						

附单据　　张

会计主管：　　记账：　　复核：　　出纳：　　制单：

图4-4-63

3. 申请承兑汇票，签署银行承兑协议（见图4-4-64）。

中国银行银行承兑协议 2

协议编号：

银行承兑汇票的内容：

收款人全称：________________ 付款人全称：________________

开户银行：________________ 开户银行：________________

账号：________________ 账号：________________

汇票号码：________________ 汇票金额（大写）：________________

签发日期： 年 月 日 到期日期： 年 月 日

以上汇票经承兑银行承兑，承兑申请人（下称申请人）愿遵守《银行结算办法》的规定及下列条款：

第一条 申请人于汇票到期日前将应付票款足额存入承兑银行。

第二条 承兑人手续费按票面 ______ 计算，在银行承兑时一次性付清手续费。

第三条 承兑票据如发生任何交易纠纷，均由收付双方自行处理，票款于到期日前仍按第一条办理不误。

第四条 承兑汇票到期日，承兑银行凭票无条件支付票款。如到期日之前申请人不能足额交付票款时，承兑银行对不足支付部分的票款转作承兑申请人逾期贷款，并按照有关规定计收罚息。

第五条 承兑汇票款付清后，本协议自动失效。

本协议第一联、第二联分别由承兑银行信贷部和承兑申请人存执，协议副本由银行会计部存查。

承兑银行：（盖章） 承兑申请人：（盖章）

日期： 年 月 日 日期： 年 月 日

图4-4-64

4. 登记应付票据备查簿（见图4-4-65）。

应付票据备查簿

序号	种类	号数	签发日期	到期日期	票面金额	交易合同号码	收款单位名称	付款日期	金额	注销	备注

图4-4-65

5. 票据到期，支付票款，编制记账凭证（见图4-4-66和图4-4-67）。

托收凭证（付款通知）5

NO： 委托日期 年 月 日 付款期限

业务类型	委托收款（☑邮划，☐电划） 托收承付(☐邮划，☐电划)													
付款人	全称			收款人	全称									
	账号				账号									
	地址	开户行			地址		开户行							
金额	人民币（大写）			千	百	十	万	千	百	十	元	角	分	
款项内容		托收凭证名称		附寄单据张数										
商品发运情况		合同名称号码												
备注： 复核 记账	付款人开户银行签章 年 月 日	付款人注意： 1. 根据支付结算办法规定，上列托收款项，如超过承付期限未提出拒付，即视同全部承付。以此联代付款通知。 2. 如系全部或部分拒付，应在承付期限内另填拒绝理由书送达银行办理。												

此联付款人开户银行给付款人按期付款通知

图4-4-66

付款凭证

贷方科目： 年 月 日 付字第 号

摘要	借方科目	明细科目	记账	金额 千	百	十	万	千	百	十	元	角	分
合计													

附单据 张

会计主管： 记账： 复核： 出纳： 制单：

图4-4-67

活动四 归纳总结

我们学完上述活动，对于处理商业汇票结算业务应该有一个全面的理解与掌握，试着描述商业承兑汇票和银行承兑汇票收、付款方的业务流程。

知识链接

一、商业承兑汇票付款方出纳业务处理流程

（1）签发商业承兑汇票。由付款方签发，或者由收款方签发交给付款方。

（2）承兑。

（3）登记应付票据备查簿，将汇票第二联交给销货方。

（4）到期付款。银行在办理付款时，若付款方无款支付或者拒绝付款，应填写未付款通知书或者拒付理由书告知收款人，连同汇票退还收款人或持票人，由其自行处理，银行不承担任何责任。

（5）根据银行转来的委托收款凭证付款通知联编制记账凭证。

（6）根据审核无误的记账凭证登记银行存款日记账。

二、商业承兑汇票收款方出纳业务处理流程

（1）收到并审核商业承兑汇票。

（2）登记应收票据备查簿。

（3）提示承兑。

（4）汇票背书。

（5）填制委托收款凭证，委托银行收款。若因付款方无款支付或者拒绝付款，收款方未能如期收到票款，再向付款方追索。

（6）根据银行转来的委托收款凭证收账通知联编制记账凭证。

（7）根据审核无误的记账凭证登记银行存款日记账。

三、银行承兑汇票付款方出纳业务处理流程

（1）签发银行承兑汇票。由在承兑银行开立存款账户的存款人签发。

（2）申请承兑。由银行承兑，签订银行承兑协议，银行承兑后按票面金额的0.5‰向出票人收取手续费。

（3）登记应付票据备查簿，将汇票第二联交给销货方。

（4）到期付款。出票人应于汇票到期日前将票款足额交存开户银行。如出票人于汇票到期日未能足额交存票款，账户存款不足支付，承兑银行除凭票向持票人无条件付款外，将出票人尚未支付的汇票金额转为逾期贷款，按照每天0.5‰计收利息。

（5）根据银行转来的委托收款凭证付款通知联编制记账凭证。

（6）根据审核无误的记账凭证登记银行存款日记账。

四、银行承兑汇票收款方出纳业务处理流程

（1）收到并审核银行承兑汇票。

（2）登记应收票据备查簿。

（3）提示承兑。

（4）汇票背书。

（5）填制委托收款凭证，委托银行收款。若因付款方无款支付或者拒绝付款，收款方未能如期收到票款，再向付款方追索。

（6）根据银行转来的委托收款凭证收账通知联编制记账凭证。

（7）根据审核无误的记账凭证登记银行存款日记账。

活动五　实践练习

联系实际，分组设计银行承兑汇票结算业务，组内成员分别扮演出票人、各银行、收款人，完成办理收付结算的整个业务流程。

任务五　处理汇兑结算业务

任务目标

知识目标：明白汇兑的流程，认识相关原始凭证。

能力目标：学会办理电汇业务，能熟练填制相关原始凭证、记账凭证，学会相关账务处理。

素养目标：与实际工作相联系，能合理运用。

知识结构图

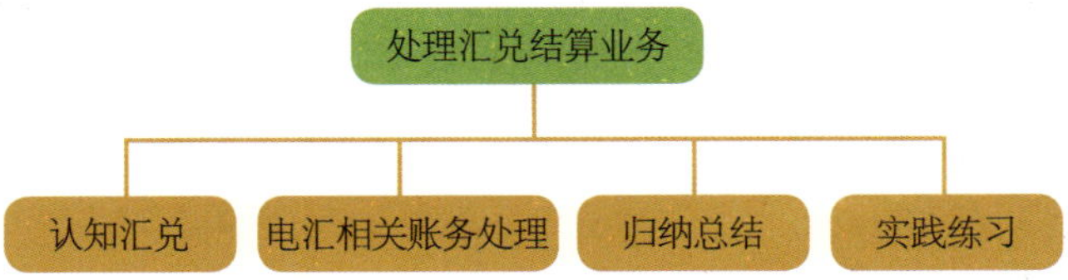

活动一　认知汇兑

银行汇款即汇兑，是汇款人委托银行将款项支付给收款人的结算方式。它通常适用于异地结算。这种结算方式使用面广、手续简单、划款灵活，因此在实际中被广泛使用。

想一想　在日常生活中，你使用过的银行卡有没有汇兑转账的功能？

知识链接

一、汇兑的种类

汇兑分为信汇和电汇两种。

信汇是我国银行比较传统的汇划方式，采用邮寄方式将款项汇入客户指定的收款人的当地银行，转入收款人手中。

电汇是汇款人委托银行采用拍发电报方式来通知汇入行付款的一种结算方式。

目前传统意义上的汇兑已演变为电子汇划，电子汇划利用计算机网络来实现，有两种方式：一种是批量的传输（电子汇兑），另一种是实时的汇划系统（实时汇兑）。

这里主要针对电汇业务进行介绍。

二、汇兑的相关规定

（1）单位和个人各种款项的结算，如各种劳务费、稿酬及邮购商品、书刊等，均可使用汇兑结算方式。

（2）汇款人对汇出行尚未汇出的款项可申请撤销，对已汇出的款项可申请退汇。

（3）汇入行对于收款人接受的汇款应立即办理付汇。汇入行对于收款人拒绝接受的汇款应立即办理退汇。汇入行对于向收款人发出取款通知后两个月无法交付的汇款应主动办理退汇。

活动二　电汇相关账务处理

电汇的业务处理分为汇出行汇出汇款和汇入行解付汇款两个阶段。汇兑结算程序如图4-5-1所示。

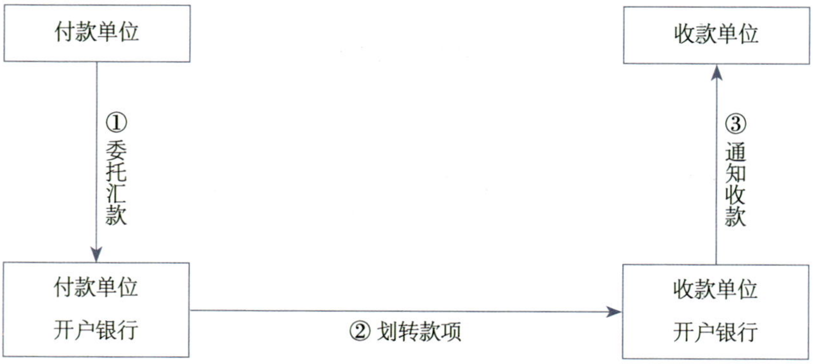

图4-5-1

做中学

2019年9月5日，广宇诚信有限责任公司因急需办公维修材料，需要尽快将货款50 850元汇至天成市龙祥电子科技公司，出纳员得到批示后，办理汇款手续。

9月7日，收到天成市龙祥电子科技公司开具的增值税专用发票。

9月8日，广宇诚信有限责任公司委托天成市宝利运输公司将材料运抵公司，支付运输费1 200元，取得运输业增值税专用发票，材料马上投入维修使用。

9月9日，广宇诚信有限责任公司支付运费。

一、付款方——广宇诚信有限责任公司

1. 业务部门提交资金使用审批单（见图4-5-2）。

资 金 使 用 审 批 单

2019 年 09 月 05 日

部　门	采购部	借款人	王力宏
事　由	采购办公维修材料一批		
金　额	人民币（大写） 伍万零捌佰伍拾元整		
预计还款报销日期	2019 年 9 月 8 日		¥50850.00
审 批 意 见	同意　胡泽林	借款人签名	王力宏

会计主管：李明华　　　　出纳：宋丽

图4-5-2

2. 出纳员根据资金使用审批单填写好汇兑凭证，送交银行，办理汇款，编制记账凭证（见图4-5-3和图4-5-4）。

中国农业银行　电汇凭证（回 单）1

☐普通 ☐加急　　　　委托时间 2019 年 09 月 05 日

汇款人	全　称	广宇诚信有限责任公司	收款人	全　称	天成市龙祥电子科技公司
	账　号	37001666660050152773		账　号	16370565016627600735
	汇出地点	山东 省 广宇市/县		汇入地点	山东 省 天成 市/县
汇出行名称		中国农业银行广宇分行	汇入行名称		中国农业银行天成分行
金额	人民币（大写）伍万零捌佰伍拾元整				

亿	千	百	十	万	千	百	十	元	角	分
			¥	5	0	8	5	0	0	0

此汇款支付给收款人。	支付密码	23-001-01650-074
中国农业银行 广宇分行 2019.09.05 转讫 汇出人签章	附加信息及用途 维修材料款	复核：　记账：

此联汇出行给汇款人的回单

图4-5-3

付款凭证

贷方科目：**银行存款**　　2019 年　09月 06日　　银 付字第　　号

摘要	借方科目	明细科目	记账	金额 千	百	十	万	千	百	十	元	角	分
预付货款	预付账款	天威市龙祥电子科技公司					5	0	8	5	0	0	0
合　　计						¥	5	0	8	5	0	0	0

附单据 2 张

会计主管：　　记账：　　复核：　　出纳：　　制单：

图4-5-4

3. 银行工作人员受理审核，假设收取手续费10元（见图4-5-5）。

付款凭证

贷方科目：**银行存款**　　2019 年　09月 06日　　银 付字第　　号

摘要	借方科目	明细科目	记账	金额 千	百	十	万	千	百	十	元	角	分
汇兑手续费	财务费用	手续费								1	0	0	0
合　　计									¥	1	0	0	0

附单据 1 张

会计主管：　　记账：　　复核：　　出纳：　　制单：

图4-5-5

4. 取得材料增值税专用发票，验收入库，投入使用，编制记账凭证（见图4-5-6和图4-5-7）。

3100061140　　**山东省增值税专用发票**

发票联　　№ 01965123

开票日期：2019 年 09 月 06 日

购货单位		密码区		
名　　称：广宇诚信有限责任公司		密码区	60040186+982<79+7><2	加密版本:11
纳税人识别号：370602663546373			7<0377>+7<8*2>>53010_	1100044140
地址、电话：广宇市海华路 18 号 0651-3344556			/2<8<68*45*-/8>41716*	87654321
开户行及账号：农行广宇分行 37001666660050152773			80/250<7989*7>50+>>54	

货物或应税劳务名称	规格型号	单位	数量	单价	金　额	税率	税　额
硒鼓	HP125A	个	50	450.00	22500.00	13%	2925.00
下热辊	理光 MP1350	个	2	1500.00	3000.00	13%	390.00
主板	华硕 B85M	个	20	800.00	16000.00	13%	2080.00
碳粉	佳能 NPG	瓶	20	175.00	3500.00	13%	455.00
合　计					¥45000.00		¥5850.00
价税合计（大写）	人民币伍万零捌佰伍拾元整				（小写）¥50850.00		

销货单位	备注
名　　称：天成市龙祥电子科技公司	天成市龙祥电子科技公司
纳税人识别号：370502637356463	370502637356463
地址、电话：天成市新海路 23 号 0561-3226773	发票专用章
开户行及账号：农行天成分行 16370565016627600735	

收款人：　　复核：　　开票人：张红　　销货单位：（章）

第三联 发票联 购货方记账凭证

图4-5-6

（抵扣联、入库单略）

转 账 凭 证

2019年 09月 08日　　转字第　　号

摘　要	总账科目	明细科目	记账	借方金额（千百十万千百十元角分）	记账	贷方金额（千百十万千百十元角分）
购办公维修材料	管理费用	办公费		4500000		
进项税	应交税费	应交增值税（进项税额）		585000		
购办公维修材料	预付账款	天成市龙祥电子科技公司				5085000
合　　计				¥5085000		¥5085000

会计主管：　　记账：　　复核：　　出纳：　　制单：

图4-5-7

5. 取得运输业增值税专用发票，支付运费，编制记账凭证（见图4-5-8至图4-5-10）。

公路、内河货物运输业统一发票（代开）

全国统一发票监制章　地方税务局监制

发　票　联

发票代码 212001014032

开票日期 2019-09-06　　　　发票号码 00186735

机打代码	212001014032	税控码	01+*>3-5+8452-+32168+4-102<9<254<<-6 65+><7/2013<0/+/66664>-89<002-*16879 *<9436+119+/496-14/3<7-34-8/+*145687 51*>46—96*4+*614>119-6524--+5879>15 4695<564>546>*6-36/807+>-8/6-5>-46<8
机打号码	00186735		
机器编号	928100106435		
收货人及纳税人识别号	广宇诚信有限责任公司 370602663546373	发货人及纳税人识别号	天成市龙祥电子科技公司 370502637356463
运输项目及金额	费用项目　金额 运费　1100.92	运输货物信息	办公维修材料
合计金额 ¥1100.92	税率 9%	税额 ¥99.08	机器编号 889900007123
合计（大写）	壹仟贰佰元整		
车种车号 货车鲁Q1234	车船吨位 1.5t	备注	天成市宝利运输公司 370502637356986 发票专用章
主管税务机关及代码	天成市国家税务局 134082001		

收款人：　　　复核人：　　　开票人：　　　承运人：（章）

图4-5-8

（抵扣联略）

中国农业银行　电汇凭证（回　单）1

☐普通 ☐加急　　　委托时间 2019 年 09 月 09 日

汇款人	全　称	广宇诚信有限责任公司	收款人	全　称	天成市宝利运输公司
	账　号	370016666600050152773		账　号	1637056516627607458
	汇出地点	山东 省　广宇 市/县		汇入地点	山东 省　天成 市/县
汇出行名称		中国农业银行广宇分行	汇入行名称		中国农业银行天成分行

金额	亿	千	百	十	万	千	百	十	元	角	分
人民币（大写）壹仟贰佰元整					¥	1	2	0	0	0	0

此汇款支付给收款人。 中国农业银行 广宇分行 2019.09.09 转讫 汇出人签章	支付密码	32-001-01560-100
	附加信息及用途 运费 复核：　　记账：	

此联汇出行给汇款人的回单

图4-5-9

付款凭证

贷方科目：银行存款　　2019 年　09月 09日　　银 付字第　　号

摘　要	借方科目	明细科目	记账	千	百	十	万	千	百	十	元	角	分
付运费	管理费用	运输费						1	1	0	0	9	2
运费进项税	应交税费	应交增值税（进项税额）								9	9	0	8
合　计							¥	1	2	0	0	0	0

附单据 2 张

会计主管：　记账：　复核：　出纳：　制单：

图4-5-10

二、收款方——天成市龙祥电子科技公司

1. 收到银行转来的收账通知，编制记账凭证（见图4-5-11和图4-5-12）。

中国农业银行电子汇划收款补充报单

委托时间 2019 年 09 月 05 日

汇款人	全　称	广宇诚信有限责任公司	收款人	全　称	天成市龙祥电子科技公司
	账　号	37001666660050152773		账　号	16370565016627600735
	开户行	中国农业银行广宇分行		开户行	中国农业银行天成分行

金额	亿	千	百	十	万	千	百	十	元	角	分
人民币（大写）伍万零捌佰伍拾元整				¥	5	0	8	5	0	0	0

汇款用途：办公维修材料

备注：

上列款项已收妥，如有误，请持此联来行面谈

中国农业银行 天成分行 2019.09.05 转讫（收款银行盖章）

此联汇出行给汇款人的回单

图4-5-11

收款凭证

借方科目：银行存款　　2019年 09月 05日　　银收字第　号

摘要	贷方科目	明细科目	记账	金额 千	百	十	万	千	百	十	元	角	分
预收材料款	预收账款	广宇诚信有限责任公司					5	0	8	5	0	0	0
合计						¥	5	0	8	5	0	0	0

附单据 2 张

会计主管：　记账：　复核：　出纳：　制单：

图4-5-12

2. 填开增值税专用发票，办理出库，编制记账凭证（见图4-5-13和图4-5-14）。

3100061140　　山东省增值税专用发票　　发票联　　№ 01965123

开票日期：2019 年 09 月 06 日

购货单位		密码区		
名称：广宇诚信有限责任公司 纳税人识别号：370602663546373 地址、电话：广宇市海华路 18 号 0651-3344556 开户行及账号：农行广宇分行 37001666660050152773			60040186+982<79+7><2 7<0377>+7<8*2>>53010_ /2<8<68*45*-/8>41716* 80/250<7989*7>50+>>54	加密版本:11 1100044140 87654321

货物或应税劳务名称	规格型号	单位	数量	单价	金额	税率	税额
硒鼓	HP125A	个	50	450.00	22500.00	13%	2925.00
下热辊	理光 MP1350	个	2	1500.00	3000.00	13%	390.00
主板	华硕 B85M	个	20	800.00	16000.00	13%	2080.00
碳粉	佳能 NPG	瓶	20	175.00	3500.00	13%	455.00
合计					¥45000.00		¥5850.00
价税合计（大写）	人民币伍万零捌佰伍拾元整				（小写）¥50850.00		

销货单位	备注
名称：天成市龙祥电子科技公司 纳税人识别号：370502637356463 地址、电话：天成市新海路 23 号 0561-3226773 开户行及账号：农行天成分行 16370565016627600735	天成市龙祥电子科技公司 370502637356463 发票专用章

收款人：　复核：　开票人：张红　销货单位：（章）

第三联　发票联　购货方记账凭证

图4-5-13

（出库单略）

转账凭证

2019年 09月 07日　　　　转字第　　号

摘　要	总账科目	明细科目	记账	借方金额	记账	贷方金额
				千百十万千百十元角分		千百十万千百十元角分
售材料	预收账款	广宇诚信有限责任公司		5085000		
售硒鼓	主营业务收入	硒鼓				2250000
售下热辊	主营业务收入	下热辊				300000
售主板	主营业务收入	主板				1600000
售碳粉	主营业务收入	碳粉				350000
销项税	应交税费	应交增值税（销项税额）				585000
合　计				¥5085000		¥5085000

会计主管：　记账：　复核：　出纳：　制单：

图4–5–14

思考与训练

【目的】练习汇兑结算业务的处理。

2019年2月20日，青岛龙腾有限公司预付济南麦客隆有限公司货款150 000元。2月25日，又采用电汇方式向济南汇款100 000元设立临时采购专户，并支付手续费。

请代替收、付款方做相关账务处理。

一、付款方——青岛龙腾有限公司

1. 填写汇兑凭证，预付货款，编制记账凭证（见图4–5–15和图4–5–16）。

中国银行　电汇凭证（回单）1

□普通 □加急　　委托时间　　年　　月　　日

汇款人	全　称		收款人	全　称	
	账　号			账　号	
	汇出地点			汇入地点	
汇出行名称			汇入行名称		
金额	人民币（大写）			亿千百十万千百十元角分	
此汇款支付给收款人 汇出人签章			支付密码		
			附加信息及用途 复核：　记账：		

此联汇出行给汇款人的回单

图4–5–15

（手续费略）

付款凭证

贷方科目：　　　　年　月　日　　　　付字第　　号

摘要	借方科目	明细科目	记账	金额									
				千	百	十	万	千	百	十	元	角	分
合计													

附单据　张

会计主管：　记账：　复核：　出纳：　制单：

图4-5-16

2. 设立临时采购专户，编制记账凭证（见图4-5-17和图4-5-18）。

中国银行 电汇凭证（回单）1

□普通 □加急　　委托时间　年　月　日

汇款人	全称		收款人	全称	
	账号			账号	
	汇出地点			汇入地点	
汇出行名称			汇入行名称		
金额	人民币（大写）		亿 千 百 十 万 千 百 十 元 角 分		
此汇款支付给收款人 汇出人签章			支付密码		
			附加信息及用途 复核：　记账：		

此联汇出行给汇款人的回单

图4-5-17

（手续费略）

付款凭证

贷方科目：　　　　　　年　　月　　日　　　　　　付字第　　　号

摘　要	借方科目	明细科目	记账	金额 千	百	十	万	千	百	十	元	角	分
合　计													

附单据　　张

会计主管：　　　记账：　　　复核：　　　出纳：　　　制单：

图4-5-18

二、收款方——济南麦客隆有限公司

收到收账通知，金额150 000元，编制记账凭证（见图4-5-19和图4-5-20）。

中国银行电子汇划收款补充报单

年　　月　　日　　　　　　　　凭证编号：

付款人	全　称		收款人	全　称	
	账　号			账　号	
	开户行			开户行	
大写金额					
汇款用途：			（收款银行盖章）		
备注： 上列款项已收妥，如有误，请持此联来行面谈					

此联代收款通知

图4-5-19

收款凭证

借方科目：　　　　　　　　年　　月　　日　　　　　　收字第　　号

摘要	贷方科目	明细科目	记账	金额									
				千	百	十	万	千	百	十	元	角	分
合计													

附单据　　张

会计主管：　　记账：　　复核：　　出纳：　　制单：

图4-5-20

活动三　归纳总结

学完上述活动，试着描述汇兑结算业务收、付款方的业务流程。

知识链接

汇兑结算业务流程

付款方：

（1）出纳员正确填写好银行印制的汇兑凭证并加盖预留银行印鉴。

（2）转存汇款金额并交纳手续费。

（3）银行受理审核汇兑凭证后，在第一联回单上加盖“转讫”印章，连同手续费支付凭单一并退回。

（4）编制记账凭证。

根据银行退回的电汇凭证回单联，分不同情况编制记账凭证，借记有关账户，贷记银行存款。

如果将款项汇往采购地，在采购地银行开立临时存款户，借记其他货币资金——外埠存款，贷记银行存款；收到采购员交回发票等凭证时，借记有关账户，贷记其他货币资金——外埠存款；将多余的外埠存款转回当地银行时，根据银行的收账通知，借记银行存款，贷记其他货币资金——外埠存款。

（5）根据审核无误的记账凭证，登记银行存款日记账。

收款方：

（1）审核银行转来的收账通知。开户银行收妥款项后，将电子汇划贷方补充报单作为收账通知交给收款人。

（2）根据收账通知编制记账凭证。

（3）根据审核无误的记账凭证，登记银行存款日记账。

活动四　实践练习

联系实际，分组设计银行电汇结算业务，组内成员分别扮演付款人、银行、收款人，完成办理收付结算的整个业务流程。

2019年4月，北京爱莎有限责任公司发生部分电汇结算业务。请你代替相关工作人员完成业务。

1. 12日，收到天津益达材料公司支付前欠货款的汇款35 800元（见图4-5-21和图4-5-22）。

中国银行电子汇划收款补充报单

年　月　日　　　　　　　　　　　　凭证编号：

<table>
<tr><td rowspan="3">付款人</td><td>全　称</td><td></td><td rowspan="3">收款人</td><td>全　称</td><td></td><td rowspan="7">此联代收款通知</td></tr>
<tr><td>账　号</td><td></td><td>账　号</td><td></td></tr>
<tr><td>开户行</td><td></td><td>开户行</td><td></td></tr>
<tr><td>大写金额</td><td colspan="4"></td><td></td></tr>
<tr><td colspan="3">汇款用途：</td><td colspan="3" rowspan="2">（收款银行盖章）</td></tr>
<tr><td colspan="3">备注：
上列款项已收妥，如有误，请持此联来行面谈</td></tr>
</table>

图4-5-21

收款凭证

借方科目：　　　　　　　　年　　月　　日　　　　　收字第　　　号

摘　要	贷方科目	明细科目	记账	金额 千	百	十	万	千	百	十	元	角	分
合　　计													

附单据　　张

会计主管：　　　记账：　　复核：　　　出纳：　　　制单：

图4-5-22

2. 15日，电汇支付惠宁宏达有限公司货款26 500元（见图4-5-23和图4-5-24）。

中国银行　电汇凭证（回单）1

□普通 □加急　　　　委托时间　　年　　月　　日

汇款人	全　称		收款人	全　称	
	账　号			账　号	
	汇出地点			汇入地点	
汇出行名称			汇入行名称		

金额	人民币（大写）	亿	千	百	十	万	千	百	十	元	角	分

此汇款支付给收款人 汇出人签章	支付密码	
	附加信息及用途 复核：　　　记账：	

此联汇出行给汇款人的回单

图4-5-23

付款凭证

贷方科目：　　　　　　年　月　日　　　　　　付字第　　号

摘要	借方科目	明细科目	记账	金额									
				千	百	十	万	千	百	十	元	角	分
合计													

附单据　　张

会计主管：　　记账：　　复核：　　出纳：　　制单：

图4-5-24

任务六　处理银行存款清查业务

任务目标

知识目标：明白未达账项的概念和种类；知道账实不符的原因及其处理方法；能够编制银行存款余额调节表。

能力目标：能够运用所学知识独立地进行银行存款的清查；通过分析未达账项，提高分析问题能力和动手操作能力。

素养目标：通过学习，逐步培养出纳员应具备的职业素质、诚实守信的职业素养及严谨、务实、细致的工作作风；具备一定的沟通、组织、协调能力。

知识结构图

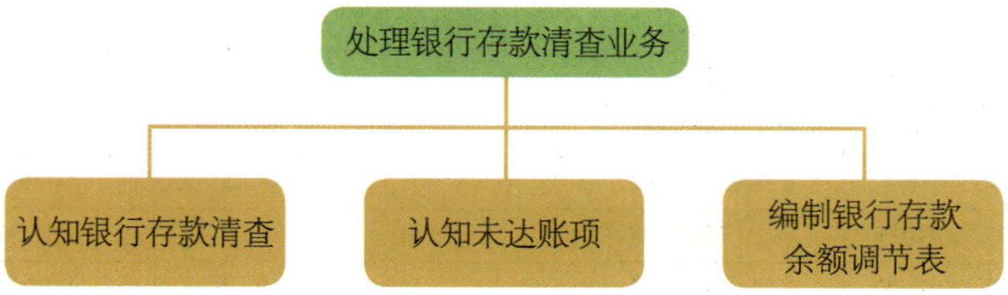

活动一　认知银行存款清查

银行存款清查是指企业对银行存款日记账账面记录与银行对账单进行核对，做到账实相符。

为了防止银行存款账目发生差错、保证银行存款账目正确无误、准确掌握单位银行存款的实际金额，应定期进行银行存款清查。

做中学

2019年2月28日，广宇诚信有限责任公司会计主管李明华安排出纳员宋丽去开户银行取2月的银行对账单，并查询银行存款的账面余额。如果你是出纳员，把银行对账单取回后该如何回复会计主管呢？

宋丽首先根据记账凭证登记银行存款日记账，然后去开户银行农行广宇分行取回银行对账单，格式如图4-6-1和图4-6-2所示。

银行存款日记账

第　页

2019年 月	日	凭证编号	结算方式 类	号码	摘要	借方（千百十万千百十元角分）	√	贷方（千百十万千百十元角分）	√	余额（千百十万千百十元角分）
2	1				期初余额					36240000
	15	银付1	现支	245	提现金			240000	√	36000000
	18	银收1	进账	385	送存销货款	6000000	√			42000000
	21	银收2	电汇	423	收回销货款	2000000	√			44000000
	25	银付2	转支	511	支付进货款			31500000		12500000
	28	银收3	转支	003	收回销货款	6750000				19250000
					本月合计	14750000		31740000		19250000

图4-6-1

中国农业银行
AGRICULTURAL BANK OF CHINA

对账单

户名：广宇诚信有限责任公司

账号：37001666660050152773　币种：人民币　月份：2　页数：1

日期	结算凭证 种类	号码	摘要	借方发生额	√	贷方发生额	√	余额
2019/02/01								362400.00
2019/02/15	现支	245	提现	2400				360000.00
2019/02/19	进账	385	收销货款			60000		420000.00
2019/02/21	电汇	423	收销货款			20000		440000.00
2019/02/26	委收	092	付场地使用费	12000				428000.00
2019/02/28	委收	672	收销货款			50000		478000.00

此对账单如有差错请于10日内通知开户行，否则，则视为核对无误。　打印时间：2019/02/28

图4-6-2

宋丽逐笔核对过的银行对账单和银行存款日记账如图4-6-3和图4-6-4所示。

中国农业银行 AGRICULTURAL BANK OF CHINA

对账单

户名：广宇诚信有限责任公司

账号：37001666660050152773　币种：人民币　　月份：2　　页数：1

日期	结算凭证 种类	结算凭证 号码	摘要	借方发生额	√	贷方发生额	√	余额
2019/02/01								362400.00
2019/02/15	现支	245	提现	2400	√			360000.00
2019/02/19	进账	385	收销货款			60000	√	420000.00
2019/02/21	电汇	423	收销货款			20000	√	440000.00
2019/02/26	委收	092	付场地使用费	12000				428000.00
2019/02/28	委收	672	收销货款			50000		478000.00

此对账单如有差错请于10日内通知开户行，否则，则视为核对无误。　　打印时间：2019/02/28

图4-6-3

银行存款日记账

第　页

2019年 月	2019年 日	凭证编号	结算方式 类	结算方式 号码	摘　要	借　方（千百十万千百十元角分）	√	贷　方（千百十万千百十元角分）	√	余　额（千百十万千百十元角分）
2	1				期初余额					36240000
	15	银付1	现支	245	提现全			240000	√	36000000
	18	银收1	进账	385	送存销货款	6000000	√			42000000
	21	银收2	电汇	423	收回销货款	2000000	√			44000000
	25	银付2	转支	511	支付进货款			31500000		12500000
	28	银收3	转支	003	收回销货款	6750000				19250000
					本月合计	14750000		31740000		19250000

图4-6-4

知识链接

银行存款清查的注意事项

清查之前应将本单位所发生的经济业务登记银行存款日记账，并保证账簿记录是完整的、准确的。

核对时，将银行提供的对账单与银行存款日记账账面记录进行逐笔核对。要对凭证的种类、编号、摘要、记账方向、金额、日期等内容进行逐项核对，凡是对账单与银行存款日记账账面记录内容相同的可用“√”在对账单与银行存款日记账上分别标示，以表明该笔业务核对一致。

活动二　认知未达账项

未达账项是指单位与银行由于核算时间不同而形成的一方已入账、另一方尚未入账的会计事项。

实际工作中，单位的银行存款日记账账面余额与银行对账单的余额往往不一致。原因可能有：银行记账有误，单位记账有误，单位与银行之间存在未达账项。

未达账项大致有以下四种情况：

（1）单位收到或已送存银行的款项，单位已入账，但银行尚未入账。

（2）单位开出各种付款凭证，已记入银行存款日记账，但银行尚未入账。

（3）银行代单位收进的款项，银行已入账，但单位尚未收到有关凭证，未能登记入账。

（4）银行代单位支付的款项，银行已入账，但单位尚未收到有关凭证，未能登记入账。

做中学

出纳员宋丽从银行取回的银行对账单的余额与银行存款日记账账面余额不符，这可能是出现了什么问题？

宋丽经反复核对后查明，2019年2月的未达账项如下（见图4-6-5和图4-6-6）：

1. 2月25日，企业开出转账支票315 000元，银行尚未入账（企业已付，银行未付）。

2. 2月26日，银行根据委托协议代企业支付场地租赁费12 000元，企业尚未收到付款通知（银行已付，企业未付）。

3. 2月28日，银行收到企业委托收取的货款50 000元，企业尚未收到收款通知（银行已收，企业未收）。

4. 2月28日，企业送存转账支票67 500元，银行尚未入记账（企业已收，银行未收）。

中国农业银行
AGRICULTURAL BANK OF CHINA

对账单

户名:广宇诚信有限责任公司
账号:37001666660050152773　币种:人民币　月份:2　页数:1

日期	结算凭证		摘要	借方发生额	√	贷方发生额	√	余额
	种类	号码						
2019/02/01								362400.00
2019/02/15	现支	245	提现	2400	√			360000.00
2019/02/19	进账	385	收销货款			60000	√	420000.00
2019/02/21	电汇	423	收销货款			20000	√	440000.00
2019/02/26	委收	092	付场地使用费	12000				428000.00
2019/02/28	委收	672	收销货款			50000		478000.00

此对账单如有差错请于10日内通知开户行，否则，则视为核对无误。　打印时间：2019/02/28

银行已付,企业未付　银行已收,企业未收

图4-6-5

银行存款日记账

第　页

2019年 月	日	凭证编号	结算方式 类	号码	摘要	借方	√	贷方	√	余额
2	1				期初余额					36240000
	15	银付1	现支	245	提现金			240000	√	36000000
	18	银收1	进账	385	送存销货款	6000000	√			42000000
	21	银收2	电汇	423	收回销货款	2000000	√			44000000
	25	银付2	转支	511	支付进货款			31500000		12500000
	28	银收3	转支	003	收回销货款	6750000				19250000
					本月合计	14750000		31740000		19250000

企业已付,银行未付

企业已收,银行未收

图4-6-6

想一想

1. 使得银行存款日记账账面余额大于银行对账单的余额的情况有哪些?
2. 使得银行存款日记账账面余额小于银行对账单的余额的情况有哪些?
3. 未达账项是错账吗?

活动三　编制银行存款余额调节表

当出现未达账项时，应由对账人员编制银行存款余额调节表，消除未达账项的影响，使银行存款日记账账面余额与银行对账单的余额相符。

银行存款余额调节表的编制方法是在双方余额的基础上分别加上应收的未达账项、减去应付的未达账项，结出余额。

做中学

面对企业银行存款日记账余额与银行对账单余额不一致的情况，出纳员宋丽是否需要调账？对于存在的未达账项该如何处理?

宋丽根据调整未达账项编制的银行存款余额调节表如图4-6-7所示。

银行存款余额调节表

2019年2月28日　　　　单位:元

项目	金额	项目	金额
企业银行存款日记账余额	192 500.00	银行对账单余额	478 000.00
加:银行已收,企业未收	50 000.00	加:企业已收,银行未收	67 500.00
减:银行已付,企业未付	12 000.00	减:企业已付,银行未付	315 000.00
调整后存款余额	230 500.00	调整后存款余额	230 500.00

图4-6-7

知识链接

编制银行存款余额调节表

经过银行存款余额调节表调节后，如果银行对账单的余额与银行存款日记账账面余额相符，则表明双方记账基本正确，而这个相符的金额表示本单位可动用的银行存款实有数；若不符，则表示本单位与开户银行的一方或双方存在记账错误，应进一步查明原因，采用正确的方法进行更正。

单位不应该也不需要根据调节的余额调整银行存款日记账的余额，银行存款余额调节表不能作为记账的原始依据。对于银行已入账而单位尚未入账的未达账项，单位应在收到有关结算凭证后再进行有关账务处理。

思考与训练

【目的】练习银行存款清查业务的处理。

济南麦客隆有限公司2019年9月30日银行存款日记账余额为900 000元，银行对账单余额为924 250元，经核对发现以下未达账项：

1. 9月26日，企业送存银行转账支票一张，金额80 000元，已登记银行存款日记账，银行尚未登记入账。

2. 9月29日，企业委托银行代收销货款40 750元，银行已于29日收妥入账，企业未接到收款通知单，尚未入账。

3. 9月30日，企业开出支票一张，金额68 500元，支付购货款，银行未收到支票，尚未入账。

4. 9月30日，银行扣企业三季度借款利息5 000元，已登记入账，企业未接到利息单，尚未入账。

根据上述未达账项，编制银行存款余额调节表（见图4-6-8）。

银行存款余额调节表

年　月　日　　　　　　单位：元

项目	金额	项目	金额
企业银行存款日记账余额		银行对账单余额	
加：银行已收，企业未收		加：企业已收，银行未收	
减：银行已付，企业未付		减：企业已付，银行未付	
调整后存款余额		调整后存款余额	

图4-6-8

任务七　实训操作

【目的】练习银行支付结算业务的处理。

【公司资料】

1. 北京爱莎有限责任公司（地址：北京市天成路8号；法人代表：赵传承；财务负责人：孙百成；开户银行：中国银行北京分行；银行账号：3160206046682153751；纳税人识别号：1000102773578568）。

2. 天津益达材料公司（地址：天津市西城路23号；法人代表：张香玉；财务负责人：王小兰；开户银行：中国银行天津分行；银行账号：1537312060465160682；纳税人识别号：10102785683577）。

3. 惠宁宏达有限公司（地址：惠宁市天府路6号；法人代表：王开源；财务负责人：张悦；开户银行：中国银行惠宁分行；银行账号：3160206046682115375；纳税人识别号：1000102785673578）。

【实训要求】

1. 对原始凭证进行审核。
2. 根据发生的经济业务分析、填制原始凭证。
3. 根据原始凭证编制记账凭证。
4. 根据经济业务的发生顺序序时登记现金日记账和银行存款日记账。

【实训资料】

2019年1月，北京爱莎有限责任公司发生部分银行支付结算业务，请你代替出纳员（身份证号：110102198306308346）及相关工作人员办理业务。

2日，购买现金支票一本20元，其中工本费5元，手续费15元。

1. 取得银行收费单（见图4-7-1）。

中国银行

邮电费、手续费、空白凭证收费单

单位名称：**北京爱莎有限责任公司** 账号 ：3160206046682153751　　　　2019 年 01 月 02 日

收费项目			金额
名称	数量	种类	
现金支票	1	工本费	5.00
		手续费	15.00
人民币（大写）贰拾元整		小写：¥20.00	
付款单位（签章）		收款行（盖章）	

北京爱莎有限责任公司 财务专用章　赵传承印　中国银行北京分行 2019.01.02 转讫

图4-7-1

2. 填制付款凭证（见图4-7-2）。

付 款 凭 证

贷方科目：　　　　年　　月　　日　　　　付字第　　号

摘　要	借方科目	明细科目	记账	千	百	十	万	千	百	十	元	角	分
合　　计													

附单据　　张

会计主管：　　记账：　　复核：　　出纳：　　制单：

图4-7-2

2日，签发现金支票，提取现金10 000元。

1. 签发现金支票并背书（见图4-7-3和图4-7-4）。

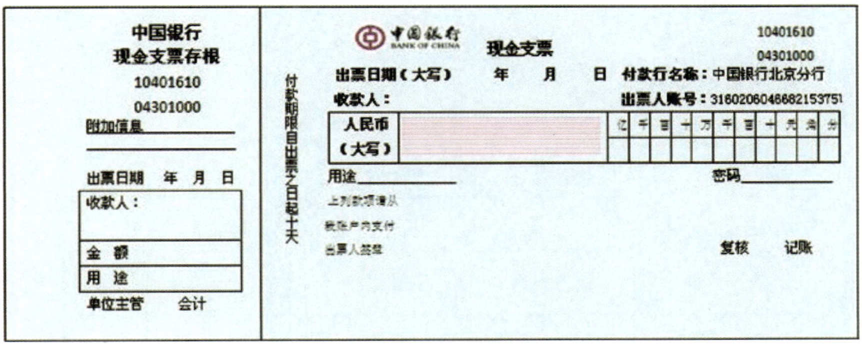
中国银行
现金支票存根
10401610
04301000
附加信息
出票日期 年 月 日
收款人：
金 额
用 途
单位主管 会计
付款期限自出票之日起十天
中国银行 BANK OF CHINA
现金支票
10401610
04301000
出票日期（大写） 年 月 日 付款行名称：中国银行北京分行
收款人： 出票人账号：316020604668215375
人民币（大写） 亿 千 百 十 万 千 百 十 元 角 分
用途 密码
上列款项请从
我账户内支付
出票人签章
复核 记账

图4-7-3

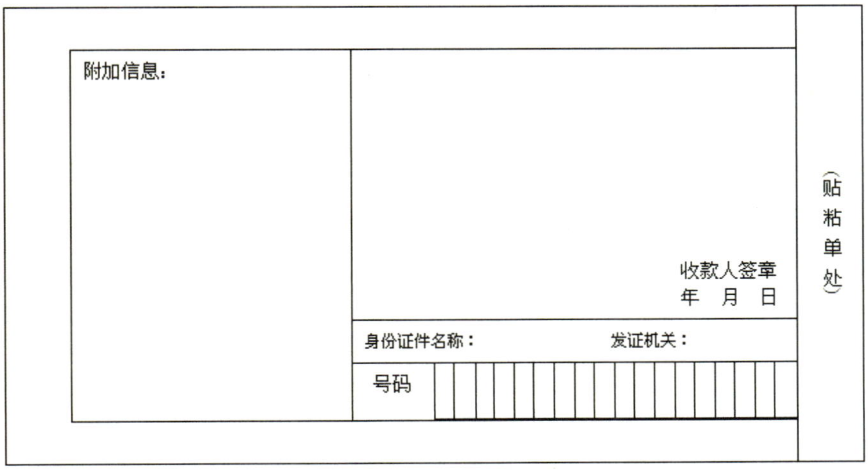
附加信息：
收款人签章
年 月 日
身份证件名称： 发证机关：
号码
（贴粘单处）

图4-7-4

2. 登记支票领用登记簿（见图4-7-5）。

支票领用登记簿

支票类别： 年 月 日

年		支票号码	摘要	金额										领用人签字	备注
月	日			千	百	十	万	千	百	十	元	角	分		

图4-7-5

3. 填制付款凭证（见图4-7-6）。

付款凭证

贷方科目：　　　　　　年　月　日　　　　　　付字第　　号

摘要	借方科目	明细科目	记账	金额									
				千	百	十	万	千	百	十	元	角	分
合计													

附单据　　张

会计主管：　　记账：　　复核：　　出纳：　　制单：

图4-7-6

3日，签发现金支票，支付礼仪专家李天华（身份证号：110103196309063842）培训费600元。

1. 签发现金支票并背书（见图4-7-7和图4-7-8）。

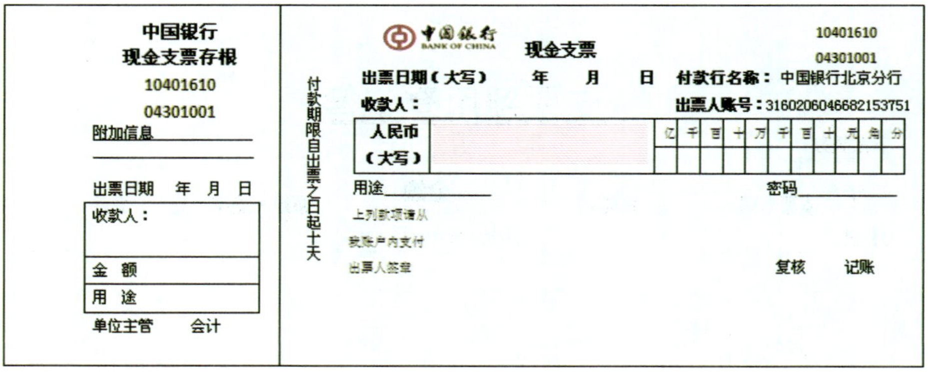
中国银行
现金支票存根
10401610
04301001
附加信息
出票日期　年　月　日
收款人：
金　额
用　途
单位主管　会计

付款期限自出票之日起十天

中国银行 BANK OF CHINA　现金支票　10401610　04301001
出票日期（大写）　年　月　日　付款行名称：中国银行北京分行
收款人：　出票人账号：3160206046682153751
人民币（大写）　亿 千 百 十 万 千 百 十 元 角 分
用途　密码
上列款项请从
我账户内支付
出票人签章　复核　记账

图4-7-7

附加信息：		（贴粘单处）
	收款人签章 年　月　日	
	身份证件名称：　　　发证机关：	
	号码	

图4-7-8

2. 登记支票领用登记簿（见图4-7-9）。

支票领用登记簿

支票类别：　　　　　　　　　　年　　月　　日

年		支票号码	摘要	金额										领用人签字	备注
月	日			千	百	十	万	千	百	十	元	角	分		

图4-7-9

3. 填制付款凭证（见图4-7-10）。

付 款 凭 证

贷方科目：　　　　　　　　年　　月　　日　　　　　　付字第　　　号

摘　要	借方科目	明细科目	记账	金　额										
				千	百	十	万	千	百	十	元	角	分	附单据
														张
合　　计														

会计主管：　　　记账：　　　复核：　　　出纳：　　　制单：

图4-7-10

4日，收到长江有限责任公司开来的转账支票一张，偿还前欠货款865 500元，经审核无误，送存银行。

1. 转账支票背书（见图4-7-11）。

青岛融佳安全印务有限公司·2011年印制

附加信息	被背书人	被背书人	
	背书人签章 年 月 日	背书人签章 年 月 日	（贴粘单处）

图4-7-11

2. 填制银行进账单，取得回单（见图4-7-12）。

中国银行进账单（回 单） 1

年 月 日

出票人	全　称		收款人	全　称	
	账　号			账　号	
	开户银行			开户银行	

金额	人民币（大写）	亿	千	百	十	万	千	百	十	元	角	分

票据种类		票据张数		
票据号码				
复核　　记账				收款人开户银行签章

此联是开户银行交给持（出）票人的回单

图4-7-12

3. 填制收款凭证（见图4-7-13）。

收 款 凭 证

借方科目：　　　　年　月　日　　　　收字第　　号

摘要	贷方科目	明细科目	记账	金额									
				千	百	十	万	千	百	十	元	角	分
合计													

附单据　　张

会计主管：　记账：　复核：　出纳：　制单：

图4-7-13

5日，签发转账支票一张，支付给北京祥润有限公司货款200 800元。

1. 签发转账支票（见图4-7-14）。

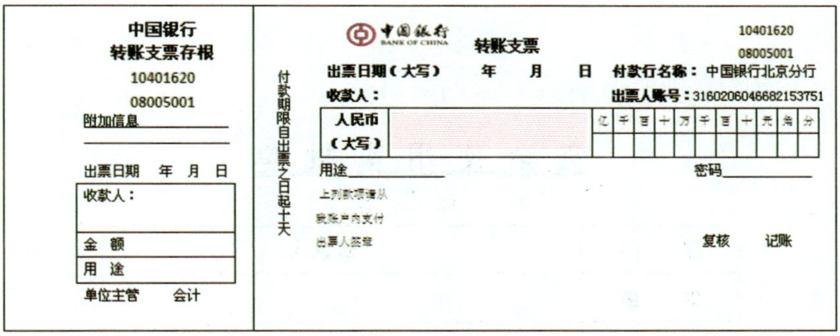
中国银行
转账支票存根
10401620
08005001
附加信息
出票日期　年　月　日
收款人：
金　额
用　途
单位主管　会计

中国银行 BANK OF CHINA　转账支票　10401620 08005001
付款期限自出票之日起十天
出票日期（大写）　年　月　日　付款行名称：中国银行北京分行
收款人：　出票人账号：3160206046682153751
人民币（大写）　亿 千 百 十 万 千 百 十 元 角 分
用途　　密码
上列款项请从
我账户内支付
出票人签章　　复核　记账

图4-7-14

2. 登记支票领用登记簿（见图4-7-15）。

支票领用登记簿

支票类别：　　年　月　日

年		支票号码	摘要	金额										领用人签字	备注
月	日			千	百	十	万	千	百	十	元	角	分		

图4-7-15

3. 填制付款凭证（见图4-7-16）。

付 款 凭 证

贷方科目：　　　　　　　　年　月　日　　　　　　　　付字第　　号

摘　要	借方科目	明细科目	记账	千	百	十	万	千	百	十	元	角	分
合　计													

附单据　　张

会计主管：　　记账：　　复核：　　出纳：　　制单：

图4-7-16

7日，业务部计划采购一批A材料3 000克，预计货款150 000元，业务员李灿询价后，拟至天津益达材料公司实地考察并签订合同。经有关领导批准提交资金使用审批单，申请办理银行汇票。

1. 业务员提交资金使用审批单（见图4-7-17）。

资 金 使 用 审 批 单

年　月　日

部　门		借款人	
事　由			
金　额	人民币（大写）		
预计还款报销日期			
审批意见		借款人签　名	

会计主管：　　　　出纳：

图4-7-17

2. 7日，出纳员受理业务申请，填写银行汇票申请书（见图4-7-18）。

中国银行汇票申请书（存 根）　1　　第　　号

申请日期　　年　　月　　日　　No 2426075

申 请 人		收 款 人	
账 号 或 住 址		账 号 或 住 址	
用 途		代理付款行	
汇票金额	人民币 （大写）	千 百 十 万 千 百 十 元 角 分	

此联申请人留存

备注　　　　科目 ____________

对方科目 ____________

财务主管　　复核　　经办

图4-7-18

3. 7日，银行工作人员受理银行汇票申请书，签发汇票（见图4-7-19）。

付款期限
壹 个 月

中国银行　　第 00008801 号

银 行 汇 票　　2

出票日期 （大写）	年　月　日	代理付款行：	行号：
收款人：		账号：	
出票金额	人民币 （大写）		
实际结算金额	人民币 （大写）	千 百 十 万 千 百 十 元 角 分	

申请人：____________　　账号：____________

出票行：________ 行号：________

备注：____________

凭票付款

出票行签章

密押：	
多余金额：	
千 百 十 万 千 百 十 元 角 分	

此联代理付款行付款后作联行往账借方凭证附件

图4-7-19

（银行汇票第三联略）

4. 填制付款凭证（见图4-7-20）。

付 款 凭 证

贷方科目：　　　　年　月　日　　　　付字第　　号

摘　要	借方科目	明细科目	记账	金额 千	百	十	万	千	百	十	元	角	分
合　计													

附单据　张

会计主管：　记账：　复核：　出纳：　制单：

图4-7-20

10日，购入A材料3 000克，不含税单价40元，验收入库，取得的增值税专用发票上的价款为120 000元，增值税15 600元，使用银行汇票办理结算。

1. 取得增值税专用发票，办理入库（见图4-7-21和图4-7-22）。

3100061140　　**天津市增值税专用发票**

发　票　联　　　　№ 12348765

（全国统一发票监制章 国家税务总局监制）

开票日期：　年　月　日

购货单位	名　称： 纳税人识别号： 地址、电话： 开户行及账号：	密码区	加密版本:11

货物或应税劳务名称	规格型号	单位	数量	单价	金　额	税率	税　额
合　计							
价税合计（大写）				（小写）¥			

销货单位	名　称： 纳税人识别号： 地址、电话： 开户行及账号：	备注	

收款人：　复核：　开票人：　销货单位：（章）

第二联　发票联　购货方记账凭证

图4-7-21

（抵扣联略）

入库单

年　月　日　　　　供货单位（个人）:　　　　NO. 1248350

品名	规格	单位	数量	单价	金额	备注
合计						

第三联记账联

送货人:　　　　保管员:　　　　制单:

图4-7-22

2. 填制转账凭证（见图4-7-23）。

转 账 凭 证

年　月　日　　　　转字第　号

摘要	总账科目	明细科目	记账	借方金额										记账	贷方金额									
				千	百	十	万	千	百	十	元	角	分		千	百	十	万	千	百	十	元	角	分
合计																								

附单据　张

会计主管:　　记账:　　复核:　　出纳:　　制单:

图4-7-23

15日，多余款项14 400元退回开户银行，并收到银行转来的银行汇票多余款收账通知。

1. 多余款收账（见图4-7-24）。

付款期限
壹 个 月

中国银行

第 00008801 号

银行汇票 〔多余款 收账通知〕 4

出票日期（大写） 年 月 日		代理付款行：	行号：
收款人：		账号：	
出票金额	人民币（大写）		

实际结算金额	人民币（大写）	千	百	十	万	千	百	十	元	角	分

此联出票行结清多余款后交申请人

申请人：＿＿＿＿＿＿ 账号：＿＿＿＿＿＿

出票行：＿＿＿＿＿＿ 行号：＿＿＿＿＿＿

备注：＿＿＿＿＿＿

出票行签章

密押：										左列退回多余金额已收入你账户内
多余金额：										
千	百	十	万	千	百	十	元	角	分	

图4-7-24

2. 填制收款凭证（见图4-7-25）。

收款凭证

借方科目： 年 月 日 收字第 号

摘要	贷方科目	明细科目	记账	金额 千	百	十	万	千	百	十	元	角	分
合计													

附单据 张

会计主管： 记账： 复核： 出纳： 制单：

图4-7-25

16日，业务部与北京宏达有限公司签订合同，销售一批甲商品300件，不含税单价600元，当日发出商品，同时开具增值税专用发票交付对方。

1. 填开增值税专用发票（见图4-7-26）。

3100061140

北京市增值税专用发票

此联不作报销、扣税凭证使用　　№ 01066622

开票日期：　年　月　日

购货单位	名　　称： 纳税人识别号： 地址、　电话： 开户行及账号：	密码区	加密版本:11

货物或应税劳务名称	规格型号	单位	数量	单价	金　额	税率	税　额
合　计							

价税合计（大写）	（小写）¥

销货单位	名　　称： 纳税人识别号： 地址、　电话： 开户行及账号：	备注	

收款人：　　复核：　　开票人：　　销货单位：（章）

第一联 记账联 销货方记账凭证

图4-7-26

2. 办理出库（见图4-7-27）。

出库单

收货单位:　　年　月　日　　NO. 00123456

品　名	规　格	单　位	数　量	单　价	金　额	备　注
合　计						

保管员:　　验收:　　提货人:　　制单:

第三联 记账联

图4-7-27

3. 填制转账凭证（见图4-7-28）。

转账凭证

年　月　日　　　　转字第　号

摘要	总账科目	明细科目	记账	借方金额										记账	贷方金额									
				千	百	十	万	千	百	十	元	角	分		千	百	十	万	千	百	十	元	角	分
合		计																						

附单据　张

会计主管：　记账：　复核：　出纳：　制单：

图4-7-28

17日，北京宏达有限公司按合同约定，委托银行签发一张银行承兑汇票，为期2个月，金额为150 000元，支付部分货款。同日，收到该汇票，出纳员登记应收票据备查簿（见图4-7-29）。

应收票据备查簿

序号	票据种类	票据号码	出票人	出票日期	到期日期	票面金额	背书人	贴现日期	贴现金额	备注

图4-7-29

20日，将收到的北京宏达有限公司的银行承兑汇票背书转让，给天津益达材料公司抵作货款。

1. 背书转让银行承兑汇票（见图4-7-30）。

被背书人：	被背书人：
背书人签章 年　月　日	背书人签章 年　月　日

图4-7-30

2. 填制转账凭证（见图4-7-31）。

转 账 凭 证

年　月　日　　　　转字第　号

摘要	总账科目	明细科目	记账	借方金额 千	百	十	万	千	百	十	元	角	分	记账	贷方金额 千	百	十	万	千	百	十	元	角	分
合计																								

附单据　张

会计主管：　记账：　复核：　出纳：　制单：

图4-7-31

25日，北京宏达有限公司按合同约定，填开一张金额为60 600元的转账支票支付所欠货款。收到转账支票正联（见图4-7-32）。

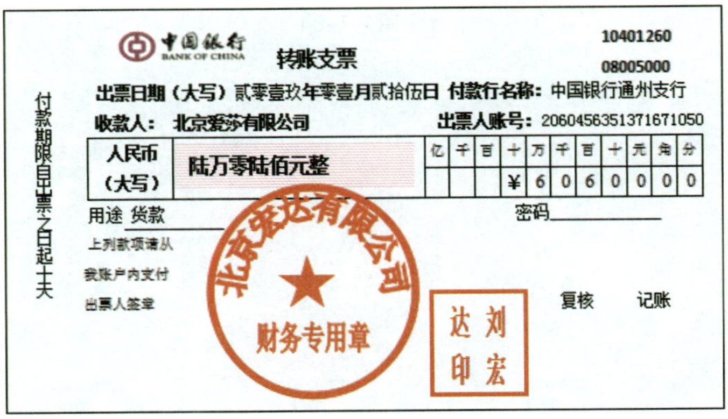

图4-7-32

26日，出纳员将支票送存银行。

1. 转账支票背书，委托银行收款（见图4-7-33）。

附加信息	被背书人	被背书人	
	背书人签章 年 月 日	背书人签章 年 月 日	（贴粘单处）

图4-7-33

2. 填写银行进账单，办理入账（见图4-7-34）。

中国银行进账单（回 单） 1

年 月 日

出票人	全 称		收款人	全 称		此联是开户银行交给持（出）票人的回单
	账 号			账 号		
	开户银行			开户银行		
金额	人民币（大写）				亿 千 百 十 万 千 百 十 元 角 分	
票据种类		票据张数				
票据号码						
复核 记账			收款人开户银行签章			

图4-7-34

3. 填制收款凭证（见图4-7-35）。

收 款 凭 证

借方科目：　　　　　　　　年　　月　　日　　　　　　收字第　　　号

摘　要	贷方科目	明细科目	记账	金额 千	百	十	万	千	百	十	元	角	分
合　计													

附单据　　张

会计主管：　　记账：　　复核：　　出纳：　　制单：

图4-7-35

26日，收到天津益达材料公司一笔前欠货款，电汇汇款35 800元。

1. 收到划款通知（见图4-7-36）。

中国银行电子汇划收款补充报单

年　　月　　日　　　　　　凭证编号：01295

付款人	全　称		收款人	全　称	
	账　号			账　号	
	开户行			开户行	
大写金额					
汇款用途：					
备注： 上列款项已收妥，如有误，请持此联来行面谈			（收款银行盖章）		

此联代收款通知

图4-7-36

2. 填制收款凭证（见图4-7-37）。

收款凭证

借方科目：　　　　年　月　日　　　　收字第　　号

摘　要	贷方科目	明细科目	记账	金额									
				千	百	十	万	千	百	十	元	角	分
合　计													

附单据　　张

会计主管：　　记账：　　复核：　　出纳：　　制单：

图4-7-37

27日，电汇支付北京宏达有限公司货款26 500元。

1. 填写汇款申请，取得回单（见图4-7-38）。

中国银行　电汇凭证（回单）1

□普通 □加急　　委托时间　　年　月　日

汇款人	全　称		收款人	全　称	
	账　号			账　号	
	汇出地点			汇入地点	
汇出行名称			汇入行名称		
金额	人民币（大写）		亿 千 百 十 万 千 百 十 元 角 分		
此汇款支付给收款人		汇出人签章	支付密码		
			附加信息及用途	复核：　记账：	

此联汇出行给汇款人的回单

图4-7-38

2. 填制付款凭证（见图4-7-39）。

付款凭证

贷方科目：　　　　　　　　年　　月　　日　　　　　　　　付字第　　号

摘要	借方科目	明细科目	记账	金额									
				千	百	十	万	千	百	十	元	角	分
合计													

附单据　　张

会计主管：　　记账：　　复核：　　出纳：　　制单：

图4-7-39

28日，出纳员根据审核无误的记账凭证登记现金日记账（期初余额为1 785.00元）和银行存款日记账（期初余额为1 657 885.00元）（见图4-7-40和图4-7-41）。

现金日记账

第　　页

2019年		凭证编号	摘要	对方科目	借方										✓	贷方										✓	余额									
月	日				千	百	十	万	千	百	十	元	角	分		千	百	十	万	千	百	十	元	角	分		千	百	十	万	千	百	十	元	角	分
1	1		期初余额																												1	7	8	5	0	0

图4-7-40

银行存款日记账

第　　页

2019年		凭证编号	结算方式		摘　　要	借　方										√	贷　方										√	余　额									
月	日		类	号码		千	百	十	万	千	百	十	元	角	分		千	百	十	万	千	百	十	元	角	分		千	百	十	万	千	百	十	元	角	分
1	1				期初余额																								1	6	5	7	8	8	5	0	0

图4-7-41

项目五　出纳业务信息化

出纳业务信息化是指依据会计法规制度利用计算机处理出纳相关工作的信息系统。它是会计信息化的组成部分，一般既可以独立使用，也可以作为财务信息系统的一部分使用。

出纳业务信息化是由出纳员、计算机硬件、计算机软件及现代网络通信技术等要素组成的，把计算机的信息处理技术应用到出纳工作中，代替传统的出纳工作，如填写票据、登记日记账、银行对账、编制出纳日常报表等环节，从而大大提高工作效率。出纳管理系统和其他财务系统的生成应用可以顺利地实现出纳业务信息化，从而形成以原始单据套打、日记账电算化、银行对账自动化、资金管理网络化为主的出纳业务信息化处理解决方案。

出纳管理是以出纳员的日记账为核心，对资金收入、支出和库存进行管理，实现现金管理、银行存款管理、票据管理、账款收支工作全面自动化，使出纳与会计工作高效衔接配合，在资金控制的严格性、资金调度的灵活度、收支数据的准确性等方面提供了有力保障，使出纳员从繁重的记账、对账工作中解脱。

任务一　认知出纳业务信息化

任务目标

知识目标：了解信息化的相关法律法规。

能力目标：掌握出纳业务信息化的基本原理。

素养目标：培养能够适应信息化环境的工作态度。

知识结构图

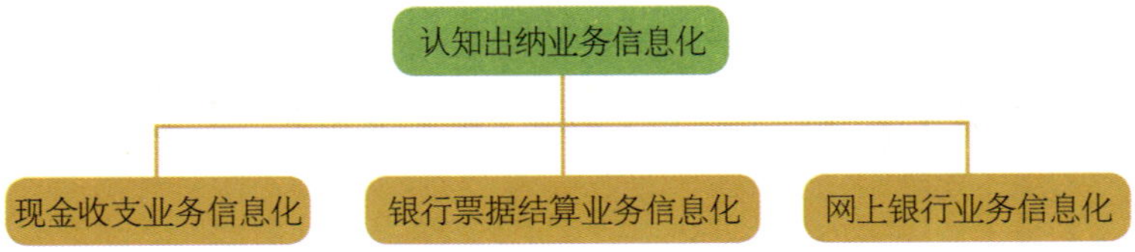

活动一　现金收支业务信息化

现金收支是出纳业务最常见的内容，其业务形式多种多样，包括各类差旅费用票据的报销、单位小额零星用品的采购、员工工资支出、各种福利费和劳务费的发放等。现金收支业务有三个特点：一是业务频次多；二是发生金额小；三是登记手续繁琐。引入信息化技术手段后，可以在很大程度上降低现金收支业务的工作强度，只要出纳员完成对原始单据的审核，结束现金支付或收取等前期工作，就可以使用专门的出纳管理系统把发生的具体业务记录、储存在计算机中，实现现金日记账登记的信息化处理。现金收支业务的信息化处理支撑系统包括出纳系统和总账系统。

现金收支业务流程如图5-1-1所示。

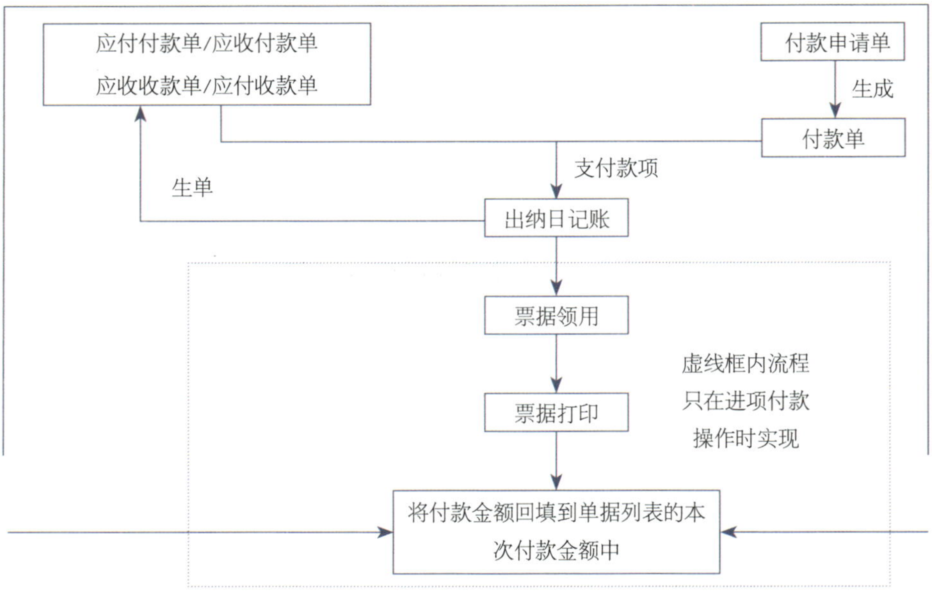

图5-1-1　现金收支业务流程

活动二　银行票据结算业务信息化

银行票据种类繁多，各类票据的填制是银行票据结算业务的主要内容。从发生频次来看，现金支票和转账支票是其中最常见的票据类型。以传统手工方法处理这两类业务，一是填制过程容易出错，二是后续登记查询费时费力。如果使用计算机信息技术处理这两类业务，则既省时省力，又可以保证较高的准确率。目前，银行票据结算业务信息化系统已经比较成熟，它包括票据系统、出纳系统和总账系统三个部分。出纳员结束前期单证审核工作后，利用票据结算系统，可以快速、便捷、高效地完成票据打印、报销、查询等以往繁琐冗长的工作。

银行票据管理流程如图5-1-2所示。

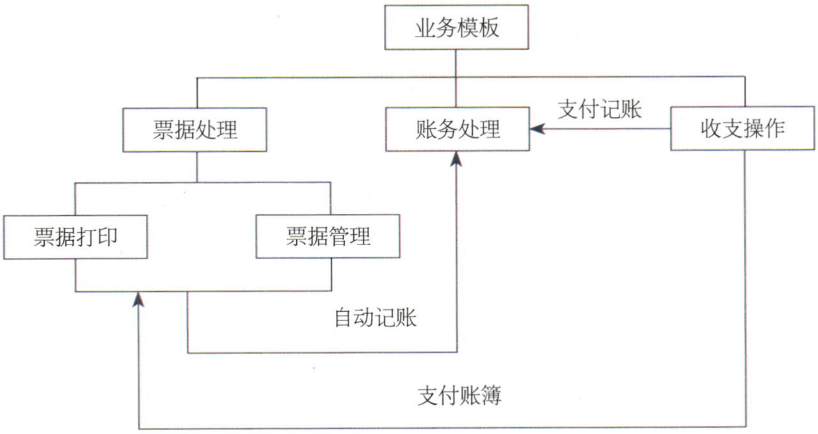

图5-1-2　银行票据管理流程

活动三　网上银行业务信息化

通过银行转账的途径处理不同经济主体间的往来结算，是一种常见的交易方式。传统的结算方式需要出纳员赴银行在柜台进行办理，花费的时间和精力较多。信息化过程中，网上银行的出现大大简化了结算业务的处理过程。大量的结算业务及多样化的代缴代扣业务都开始使用网银这一途径进行简化处理，网银的出现和迅速推广为出纳业务提供了信息化的便利条件。与网银系统、出纳系统和总账系统相连接的出纳管理系统，将往来结算业务的不同环节连成一体。

任务二　出纳业务信息化处理

任务目标

知识目标： 熟练掌握出纳软件（以用友T3为例）。

能力目标： 具备出纳软件初始化、账务处理及票据管理的能力。

素养目标： 培养严谨、认真、准确、规范的职业道德素质。

知识结构图

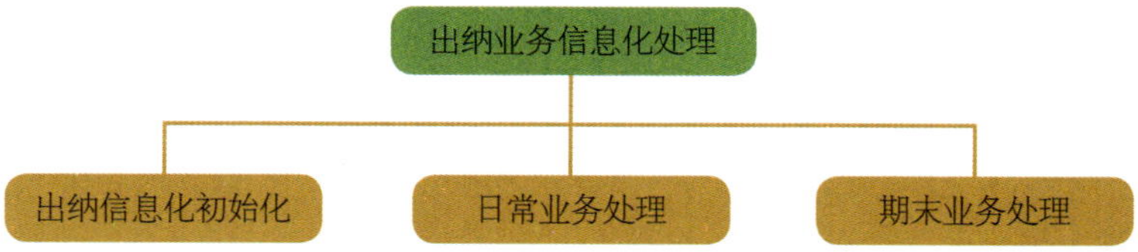

活动一　出纳信息化初始化

一、新建账套

首次使用用友T3时，必须至少要建立一个账套文件，用以存放有关财务及业务资料。

首次启动出纳通时，系统会自动提示“系统未发现与通账套对应的出纳通账套”。选择【确定】后，系统会自动提示“系统未发现与通账套对应的出纳通账套，系统将自动建立以下的出纳通账套”。

二、账套管理

在登录软件时，首先选择【系统管理】-【账套管理】，可以进行如下操作：新建、修改、删除、导入/导出、备份、恢复、高级恢复账套。

三、系统设置

当用户进入【系统设置】界面时，有如下相关内容：用户管理、修改密码、会计月历、账套参数、备份账套、挂接设置、打印参数、密码设置、升级出纳通数据。

用户管理：进入【用户管理】界面后，【添加】用户后可以通过【设置权限】设置其具体的使用权限。

修改密码：用来修改当前操作员的用户密码。

会计月历：用来设置每一个会计期间的开始日期和结束日期。可以直接选择按自然月设置，也可以单独调整每个月的会计期间。

账套参数：用来设置当前账套的某些操作规则，包括银行对账单的余额方向、日记账凭证号的排序规则等。

备份账套：可以在【系统管理】中设置备份计划，自动定期备份账套，也可以在此手工备份账套。系统自动显示当前账套名称，以及备份账套名称，如TEST-20070828243812，该名称前半部是账套名称，后半部分别是年、月、日、时。

挂接设置：挂接设置用于出纳通挂接其他财务软件以后，通过制单功能可以生成凭证，避免用户二次录入。在进入用友通后点击出纳通时，系统提示是否要挂接当前用友通账套时，点击“是”创建，这样的账套一旦创建完成，是不允许修改挂接设置的。如果是在出纳通中先创建无挂接设置的出纳通账套，再进入该账套进行挂接设置的话，这种挂接设置是可以随时修改的。

打印参数：针对每张模板设置其自身参数值，用来调整打印时的错位现象。

密码设置：用来设置密码。

升级出纳通数据：可以通过导入账套，对已有的基础数据、会计期间、账户信息及日记账查询、支票簿等进行升级。

活动二　日常业务处理

出纳日记账分为现金日记账和银行存款日记账。

出纳通支持现金、银行存款日记账编辑，支持外币业务，支持集中支付二级科目。可进行过账冲账操作，自定义账表格式。

一、现金日记账

添加、查阅现金日记账前首先要选择某一账户，在【账务处理】界面点击【现金日记账】，弹出选择账户窗口，直接在此选择相应账户。用户可以在窗口中进行【添加】【导入/导出】【修改】【删除】日记账、【过账/取消过账】【冲账/取消冲账】【制单】【定义列属性】【现金盘点】【总账凭证下载】【总账对账】【月结】【日记账查询】【资金报表】等操作。

二、现金盘点

现金盘点用来进行每日现金实盘数与现金日记账的对账工作，也可以从其他财务软件中直接调用“科目”中的“现金分类账”与每日现金实盘数进行对账。在【账务处理】界面点击【现金盘点】，弹出选择账户窗口；选择现金账户、日期等信息，确定后弹出【现金盘点】界面。

三、账户处理

出纳员对资金的收入、支出、结存进行登记时，往往要设置多个账户才能满足管理的需要，该模块可以方便设置多个出纳账户。在该模块中，用户可以进行【添加】【修改】【删除】【启用/停用】账户、【设置期初未达账】等操作。

以添加一个账户为例，在【账务处理】界面进入【账户管理】，点击【添加】，会弹出【新建账户】界面，在此界面中输入相关信息。

进行【期初未达账】设置时，选中已经建立的账户，点击【期初未达账】，弹出窗口，左侧用来填写银行未达账信息，右侧用来填写企业未达账信息。需要填写企业未达账时，首先选择右侧相应区域点击【添加】，添加相应数据。两笔未达账金额输入完毕，确定后即可启用该账户。需要填写银行未达账时，选择左侧区域点击【添加】，输入相应金额即可。

四、银行存款日记账

银行存款日记账是用来逐日逐笔反映银行存款增减变化和结余情况的账簿。通过银行存款日记账，可以序时详尽提供每一笔银行存款收付的具体信息，全面反映银行存款的增减变化与结存情况。银行存款日记账的内容可从日记账查询中查阅、打印。

在该模块中添加、查阅银行存款日记账前，用户可以进行【选择账户】操作，在【账务处理】界面点击【银行日记账】，弹出选择账户窗口，直接在此选择相应账户。用户可以在窗口中进行【添加】【导入/导出】【修改】【删除】日记账、【过账/取消过账】【冲账/取消冲账】【制单】【定义列属性】等操作。

五、银行对账单

添加、查阅银行存款日记账前首先要选择某一账户，在【账务处理】界面点击【银行对账单】，弹出选择账户窗口，直接在此选择相应账户。用户可以在窗口中进行【添加】【导入/导出】【修改】【删除】对账单、【冲账/取消冲账】等操作。

六、银行对账

进行银行对账操作前首先要选择某一账户，在【账务处理】界面点击【银行对账】，弹出选择账户窗口，直接在此选择相应账户。用户可以在窗口中进行【自动】【手工】【单边】【取消】【平衡检查】等操作。

其中，在对银行账进行两清勾对后，便可调用余额调节表功能查阅、打印余额调节表，以检查银行对账是否正确。进入【账务处理】-【余额调节表】，弹出系统自动生成的余额调节表供用户查阅、打印。

活动三　期末业务处理

总账凭证下载：在进行与总账对账操作之前，首先要进行总账凭证的下载。总账凭证的内容是从其他财务软件导入的。

总账对账：出纳与会计对账是一项较为重要的工作，如果两者之间的账目不平，应及时找出原因。系统提供了一种简单而又实用的对账工具协助完成对账工作，此处的总账及明细账的内容是从其他财务软件中导入的。在总账凭证下载完成之后，进行总账对账。

月结：即每月在指定的时间进行结账操作。本期所有的出纳业务处理完毕之后，就可以进行出纳结账的处理。首先在【系统设置】-【账套参数】中指定月结的条件，如月结前必须全部过账、所有账户必须同时结账。一旦进行结账，将不能修改本期的出纳日记账、银行对账单数据，也不能新增本期的各项数据。

日记账查询：在【账务处理】界面点击【日记账查询】，就会弹出定义查询条件窗口。

资金报表：根据现金、银行存款日记账可生成资金日报、周报、月报和季度报表，并根据需要设置明细账选项。进入【账务处理】-【资金报表】，弹出窗口，选择要查询的条件；点击【确定】后，按照指定的条件，弹出符合条件的相应信息。

项目六　出纳工作交接

根据《会计基础工作规范》的规定，会计人员工作调动或者因故离职，必须将本人所经管的会计工作全部移交给接替人员。本项目主要介绍出纳交接的手续和相关交接表的填制。

任务一　认知交接工作

任务目标

知识目标：理解出纳交接的内容和范围。

能力目标：能做好出纳交接前的准备工作。

素养目标：能够明确交接双方的责任。

知识结构图

活动一　认知出纳工作交接

出纳工作交接，是指出纳员工作调动、离职或因病暂时不能工作时，与接管人员办理交接手续的一种工作程序。这是出纳员对工作应尽的职责，也是分清移交人员和接管人员责任的重要措施。

想一想 小伟因故不能继续担任班里的生活委员，由小园接替小伟的工作。小伟手中有本班的班费、未收完的本月餐费等，请问在正式将职务交接给小园之前，小伟还需要进行哪些工作？

知识链接

一、需要进行出纳工作交接的情况

（1）出纳员辞职或离开单位。

（2）因内部工作变动不再担任出纳员职务，如出纳岗位轮岗、调换到会计岗位。

（3）出纳岗位内部增加或减少，工作人员进行重新分工。

（4）出纳员因病假、事假或者临时调用，不能继续从事出纳工作。

（5）因特殊情况如停职审查等规定不宜继续从事出纳工作。

（6）上述被代理人回到原出纳岗位恢复工作。

（7）因其他情况按规定应办理出纳工作交接的，如解散、破产、兼并、合并、分立等情况发生时，出纳员应向单位或清算组移交相关资料。

二、相关法规规定

《会计基础工作规范》第二十五条规定：“会计人员工作调动或者因故离职，必须将本人所经管的会计工作全部移交接替人员。没有办清交接手续的，不得调动或者离职。”

活动二 出纳交接前的准备工作

学中思

广宇诚信有限责任公司员工宋丽自担任公司出纳员以来，工作完成得相当出色，受到了财务负责人李明华的肯定。2019年12月23日，李明华准备让宋丽从事其他会计岗位的工作，接替宋丽工作的是公司新招的出纳戴慧。李明华让宋丽准备一下，下周一（2019年12月30日）进行出纳工作交接。如果你是宋丽，请问需要交接哪些物品、如何办理交接？

知识链接

一、出纳工作交接的内容

出纳工作交接的内容根据各单位的具体情况而定，情况不同，内容也不一样。一般来说，出纳工作交接包括以下几个方面：

（1）现金，包括现钞、外币、金银珠宝及其他贵重物品。

（2）有价证券，包括债券、股票等。

（3）支票，包括空白支票和作废支票。

（4）发票，包括空白发票和已用发票（含作废发票）。

（5）收据，包括空白收据、已用收据（含作废收据）。

（6）财务印章，包括财务专用章、发票专用章、预留银行印鉴、现金收讫章、现金付讫章、银行收讫章、银行付讫章、作废章等。

（7）会计凭证，包括原始凭证和记账凭证。

（8）会计账簿，包括现金日记账、银行存款日记账和备查账簿。

（9）其他会计资料和物品，包括银行对账单，应由出纳员保管的证件、合同、协议；在实行会计电算化的单位，还包括会计软件及密码、会计软件数据磁盘及计算器、U盘等。

二、交接前要做好的准备工作

出纳工作交接前要做好的准备工作包括以下几个方面：

（1）已经受理的经济业务尚未填制会计凭证的，应当填制完毕。

（2）尚未登记的收、支业务，应当登记完毕，并在最后一笔余额后加盖经办人员印章。

（3）现金账面余额与实际库存现金核对一致，银行存款账面余额与银行对账单核对一致。

（4）在现金日记账、银行存款日记账启用表上填写移交日期，并加盖个人私章。

（5）整理应移交的各种资料，对未了事项做出书面说明。

（6）编制出纳工作交接表，列明应移交的会计凭证、会计账簿、会计报表、印章、现金、有价证券、支票簿、发票、文件、其他会计资料和物品等内容；在实行会计电算化的单位，从事该项工作的移交人员还应当在移交清册中列明会计软件及密码、会计软件数据磁盘（磁带）等及有关资料、实物等内容。

任务二　认知交接程序

任务目标

知识目标：掌握出纳工作交接的程序。

能力目标：会办理出纳工作交接的手续，能够正确地填制相关的交接表。

素养目标：明白在移交清册上签字的重要性。

知识结构图

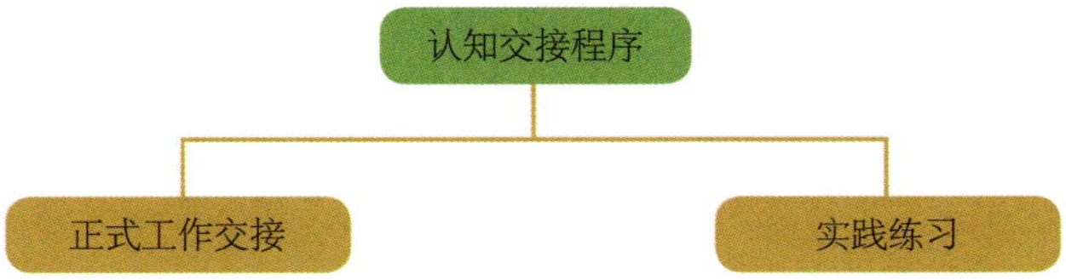

活动　正式工作交接

想一想　小伟交接前的准备工作已完成，请问小伟和小园的正式交接该如何进行？是否需要第三人在场？假如在交接完成后小园发现班费实际收支对不上，找到小伟要求查明原因，小伟能否以交接工作已完成为由拒绝小园的要求？

做中学

2019年12月30日，根据《会计基础工作规范》的要求，宋丽将经济业务全部处理完毕并整理相关资料，与戴慧按照出纳移交清册办理交接手续（见图6-2-1）。

出纳移交清册

单位：广宇诚信有限责任公司　　　　　　　　　　　　日期：2019 年 12 月 30 日

移交项目	备注
一、具体业务移交	
1. 库存现金：12 月 30 日账面余额￥990.00 元，账实相符。	
2. 银行存款：12 月 30 日账面余额￥123 679.13 元，经查询与银行实存数相符。	
二、移交的会计凭证、账簿	
1. 现金日记账一本	
2. 银行存款日记账两本	
3. 农行空白现金支票 24 张（支票号码 02010002~02010025）	
4. 农行空白转账支票 22 张（支票号码 02020004~02020025）	
5. 空白收据两本（收据号码 110001~110025，110026~110050）	
6. 现金支票领用登记簿一本	
7. 转账支票领用登记簿一本	
8. 银行对账单 1~12 月，12 份	
三、印鉴	
1. 现金收讫章一枚	
2. 现金付讫章一枚	
3. 作废章一枚	
四、其他物品	
1. 保险柜一个，钥匙两把	
2. 点钞机一台	
五、责任划分	
2019 年 12 月 30 日前的出纳责任事项由宋丽负责，2019 年 12 月 30 日起的出纳工作由戴慧负责，以上移交事项均经交接双方认定无误。	
六、本交接书一式三份，双方各执一份，存档一份	

移交人：宋丽　　　　　　　　接交人：戴慧　　　　　　　　监交人：李明华

2019 年 12 月 30 日

图6-2-1

知识链接

一、正式工作交接

（1）出纳工作交接必须在规定的期限内完成。接交人应认真按出纳移交清册当面接收。

（2）接交人应核对现金日记账与库存现金、银行存款日记账与银行对账单的余额是否相符。如有不符，应由移交人限期查明原因，在出纳移交清册中注明，并负责处理。

（3）会计凭证、会计账簿、会计报表和其他会计资料必须完整无缺，不得遗漏。如有缺失，必须查清原因，并在出纳移交清册中加以说明，由移交人负责。

（4）接交人按出纳移交清册点收支票、发票、收据、现金收付讫章、作废章、银行收付讫章、保险柜钥匙及密码等其他会计资料和物品，必须完整无缺，不得遗漏。

（5）接交人办理接收后，应在现金日记账、银行存款日记账启用表上填写接收日期，并签名或盖章。

（6）在实行会计电算化的单位，交接双方应在计算机上对有关数据进行实际操作，确认有关口令、密码及数字正确无误后方可交接。

（7）交接完毕后，交接双方和监交人要在出纳移交清册上签名或盖章。

二、专人负责监交

会计人员办理交接手续，必须有监交人负责监交。一般会计人员交接，由单位会计机构负责人、会计主管人员负责监交；会计机构负责人、会计主管人员交接，由单位领导负责监交，必要时可由上级主管部门派人会同监交。

三、交接后有关事项

（1）出纳工作交接完毕后，交接双方和监交人要在出纳移交清册上签名或盖章，并应在出纳移交清册上注明：单位名称，交接日期，交接双方和监交人的职务、姓名，出纳移交清册页数，以及需要说明的问题和意见等。

（2）出纳移交清册一般应当填制一式三份，交接双方各执一份，存档一份。

（3）接交人应当继续使用移交的会计账簿，不得自行另立新账，以保持会计记录的连续性。

（4）移交人对所移交的会计凭证、会计账簿、会计报表和其他有关资料的合法性、真实性承担法律责任。

思考与训练

【目的】练习出纳工作交接工作内容。

一、判断正误并说明原因

1. 红星公司出纳员乔林因病请假一个月，领导决定由公司会计暂代其出纳工作。因为时间较短，双方未办理交接手续。

2. 红旗公司出纳员王艳因病离开出纳岗位，经领导同意，委托同事刘红代替其办理移交手续。移交后接管人员发现交接前一笔支出款项存在问题，遂找到王艳要求查明原因，王艳以自己工作已经交接清楚且是由刘红负责移交为由拒绝了接管人员的要求。

二、业务题

达达有限公司出纳员唐宇工作调动，财务处安排宁娟接替出纳工作，双方于2019年12月30日在财务处负责人孙万里的监交下办理交接手续。

1. 具体业务的移交

（1）库存现金账面余额667.00元，保险柜库存现金100元5张、50元2张、20元2张、10元2张、5元1张、1元2张。

（2）银行存款日记账余额224 680.00元，与银行对账单相符。

2. 移交的会计凭证、账簿、文件

（1）本年度现金日记账、银行存款日记账各一本。

（2）支票领用登记簿一本。

（3）空白现金支票20张（支票号码00004506～00004525）。

（4）空白转账支票10张（支票号码00003316～00003325）。

（5）银行对账单1~12月，12份；银行存款余额调节表1~12月，12份。

（6）空白收据一本（收据号码0002001~0002025）。

（7）预留银行印鉴卡片一张。

3. 印鉴

（1）现金收讫章1枚。

（2）现金付讫章1枚。

要求：根据资料填写出纳移交清册（见图6-2-2）。

出纳移交清册

单位：　　　　　　　　　　　　　　　　　　　　　　　　　　　日期：　　年　　月　　日

移交项目	备注
一、具体业务移交	
二、移交的会计凭证、账簿	
三、印鉴	
四、其他物品	
五、责任划分	
六、本交接书一式三份，双方各执一份，存档一份	

移交人：　　　　　　　　　　接交人：　　　　　　　　　　监交人：

年　　月　　日

图6-2-2

附　模拟企业基本情况

企业名称：广宇诚信有限责任公司

所属行业：批发业、零售业

企业类型：有限责任公司（增值税一般纳税人）

法人代表：胡泽林

经营地址：广宇市海华路18号

经营范围：服装、鞋、帽、日用品及其他生活用品

纳税人识别号：370602663546373

开户银行：中国农业银行广宇分行

银行账号：37001666660050152773

广宇诚信有限责任公司印章及预留银行印鉴如下：

广宇市天源包装公司

经营地址：广宇市天圣路10号；法人代表：王书文；财务负责人：王大明；开户银行：中国银行广宇分行；银行账号：4563516206013716082；纳税人识别号：370602663546478

广宇市百纳包装材料厂

经营地址：广宇市海尔路1号；法人代表：宋作文；财务负责人：李白；开户银行：中国农业银行广宇分行；银行账号：37001666660050153279，纳税人识别号：370602663541239

天成市龙祥电子科技公司

经营地址：天成市新海路23号；法人代表：李小林；财务负责人：王元庆；开户银行：中国农业银行天成分行；银行账号：16370565016627600735；纳税人识别号：370502637356463

济南麦客隆有限公司

经营地址：济南市海尔路1号；法人代表：王文晶；财务负责人：王明利；开户银行：中国银行济南分行；银行账号：2060456351371682160；纳税人识别号：370601456573821

德州芳草设备有限公司

经营地址：德州市大马路2号；法人代表：马立仁；财务负责人：王小伟；开户银行：中国银行德州分行；银行账号：6822060605143135617；纳税人识别号：371027783558675

济南新华服饰有限公司

经营地址：济南市烟大路35号；法人代表：刘百胜；财务负责人：孟大成；开户银行：中国农业银行济南分行；银行账号：3716082452060163516；纳税人识别号：370602773578568

济南华丽材料有限公司

经营地址：济南市海悦路26号；法人代表：李达人；财务负责人：李成功；开户银行：中国银行济南分行；银行账号：2060456682131605137；纳税人识别号：370602773565788

青岛龙腾有限公司

经营地址：德州市大马路2号；法人代表：马立仁；财务负责人：王小伟；开户银行：中国银行德州分行；银行账号：6822060605143135617；纳税人识别号：371027783558675